富山大学人文学部叢書VI

人文知の
カレイドスコープ

富山大学人文学部 編

巻頭言

　富山大学人文学部は、教員が専門領域を超えた研究交流と学部全体の研究向上を図るため、またその成果を学生教育の充実と地域貢献の促進に役立てるために、「富山循環型人文知研究プロジェクト」を開始した。

　本書は、その一環として開催した令和四年度公開研究会「『人文知』コレギウム」の成果である。

　書名の『人文知のカレイドスコープ』は、歴史、哲学、文学、言語学、地理学、社会学などの多様な研究分野の教員が、多角的に「人」の有り様に迫る意を表している。カレイドスコープ（万華鏡）さながらに豊かな人文学の世界を知る一助となれば、幸いである。

目　次

巻頭言

第1章　東アジアの言語を探究する

朝鮮語の處格と屬格

上保　敏　*2*

ことばの使われる「場」
―文章ジャンルと文法形式―

川島拓馬　*14*

第2章　東アジアの思想と歴史

北衙と蕃将
―唐の帝国的支配の構造―

林　美希　*28*

「生成」する者としての人間
―貝原益軒（1630-1714）の思想をもとに―

田畑真美　*39*

第3章　朝鮮半島の分断が遺した問い

語られることと語られないこと
―テクスト化された脱北者の語り―

和田とも美　*52*

第4章　書物が語る　遺物が語る

帝亡びて風雅在り
——近代富山の漢詩人・岡崎藍田が見た中国——

大野圭介　64

絵馬はいつから？
——出土絵馬の研究と初期の絵馬——

次山　淳　80

附：2022年度　「『人文知』コレギウム」発表題目一覧

第29回「東アジアの言語を探究する」　2022.6.29.
「朝鮮語の處格と属格をめぐって」
上保　敏（東アジア言語文化コース）
「文法形式の成立から見る日本語の変化」
川島拓馬（東アジア言語文化コース）

第30回「東アジアの歴史と思想」　2022.7.27.
「唐帝国の軍事と北衙禁軍」
林　美希（歴史文化コース）
「「生成」する者としての人間　——貝原益軒（1630-1704）の思想をもとに——」
田畑真美（哲学・人間学コース）

第31回「杉谷4号墳の調査意義と築造背景」　2022.9.28.

　　　　　　　　　　　　高橋浩二（歴史文化コース）

第32回「20世紀が遺した問い―朝鮮半島とロシアの思想と文学から―」

　　　　　　　　　　　　　　　　　　　2022.10.19.

「朝鮮半島38度線以北における文学的表現」

　　　　　　　　和田とも美（東アジア言語文化コース）

「「作者と主人公」の存在論　―バフチンの小説理論の汎用性を考える―」

　　　　　　　　武田昭文（ヨーロッパ言語文化コース）

第33回「書物が語る　遺物が語る」　2022.11.22.

「帝亡びて風雅在り ―近代富山の漢詩人・岡崎藍田が見た中国―」

　　　　　　　　大野圭介（東アジア言語文化コース）

「絵馬はいつから？ ―出土絵馬の研究と初期の絵馬―」

　　　　　　　　次山　淳（歴史文化コース）

第1章
東アジアの言語を探求する

朝鮮語の處格と属格

上保 敏

1．はじめに

　現代朝鮮語の處格「-에[e]」と属格「-의[ūi]」は，いちおう，形態が異なるとされるが，属格がしばしば「-에[e]」と実現する場合があり，その場合，両者の区別がつかなくなる。

(1) a. 東京에[e] 간다.（東京に行く）

　　 b. 東京의[ūi/e] 中心地.（東京の中心地）

(1a) の處格の例では「-에[e]」と現れているのに対し，(1b) の属格の例では，いちおう「-의[ūi]」と現れているが，これが「-에[e]」と実現することがあり，そうすると，「東京에[e]」だけでもってしては，「東京に」なのか「東京の」なのか，区別がつかないという事態が生じることになる[1]。

　もっとも，處格と属格は統語構造上，様相を異にするため，基本的には衝突は起こらない（とされる）。すなわち，意味の伝達上，支障は起こらない（とされる）。しかし，実際は，判断に迷う例もなくはない。

(2) a. 그래서 현대국어에(의?)[e] 시옷 불규칙이 생기는 이유는 반치음이 15세기 후반에 없어졌다는 이런 소리의 변화 때문에 기인한 것입니다.（それで，現代国語に(の?)シオッ不規則用言が生まれる理由は，半歯音が15世紀後半になくなったというこうした音の変化のために起因するものです）

　　 b. 사실 지금 우리는 저것을 편의상 '배'라고 읽고 있습니다만 실제 당시에(의?)[e] 중세국어를 말하던 사람들은 어떻게 읽었을까요?（実際，いま，私たちはあれを便宜上「ペ」と読んでいますが，実際，当時に(の?)中世国語を話していた人々はどのように読んでいたでしょうか）

1　韓国の『標準発音法』第5項の規定によると，この「의」は二重母音で発音するとしたうえで，付則として「助詞 '의' は [e] と発音することも許容する」とされており，二重母音の [ūi] が原則であり，[e] での実現は「許容」の範囲であると読み取れる。

（2）は，韓国の大学の授業動画から音声を文字に起こし，日本語の訳を付したものであるが[2]，下線部は「-에[e]」と発音された部分である。双方の例ともに，處格とも属格とも判断し得るのではないかと思われる。

ところで，万一，属格が起源的にも「-에[e]」にさかのぼるのであれば，そもそも朝鮮語は，處格と属格の区別がなかった言語なのでは，という疑問も生じさせる。世界の言語なかには，處格と属格が同じ標識で実現する言語も多々存在するためである。

そこで本稿では，通時的にさかのぼりつつ，このような現象が生じるようになった背景について探っていく。ところで，朝鮮語の通時的な研究を行ううえで，中期朝鮮語，とりわけ15世紀中葉の朝鮮語に対する研究が要になることは，衆目の一致するところである。この時期，訓民正音（ハングル）が創制され，その新文字で記された資料（ハングル資料）が多数現れることにより，当時の朝鮮語の姿が詳らかになったためである。

ここでもまず，中期朝鮮語の様相について検討したうえで，その後，近世朝鮮語以降，現代朝鮮語へと連なる変化について検討していくことにする[3]。

2．中期朝鮮語の様相

2．1．中期朝鮮語の處格

中期朝鮮語の處格の形態は「-애/에[ai/əi]」，「-ᄋᆝ/의[ʌi/ūi]」，「-예[iəi]」

2　（2）は，蔚山大学校の兪弼在教授による『国語学講読』の授業動画を，以下の韓国教育学術振興院のKOCWのウェブサイトより視聴し，文字に起こした。[http://www.kocw.net/home/search/kemView.do?kemId=439980]

3　このような朝鮮語の時代区分は，河野（1955）に従ったものである。
　　古代朝鮮語……諺文発明（1443年）以前
　　中期朝鮮語……1443年より1592年の壬辰の乱まで
　　近世朝鮮語……それ以降現代まで
もっとも，この時代区分，とくに古代朝鮮語と中期朝鮮語の区分は，言語史というよりは，もっぱら残存資料に重きを置いた区分であり，近年，とりわけ高麗時代の漢文訓読資料（釈読口訣資料）などの研究が進展していることもあり，区分を再考する必要性があるかもしれない。

などがあり[4]、その分布について、拙稿（2007）で次のように述べたことがある。

(3) 1. 「-예[iəi]」は名詞の末音節が[i]母音または音節副音[y]である場合、「-애/에[ai/əi]」と「-익/의[ʌi/ūi]」は名詞の末音節がそれ以外の場合

   2. 「-애[ai]」と「-에[əi]」の区別、「-익[ʌi]」と「-의[ūi]」の区別は、名詞との母音調和による

   3. 「-애/에[ai/əi]」と「-익/의[ʌi/ūi]」の分布は以下の通り

   ① 「-익/의[ʌi/ūi]」

   a. 固有語で1音節、アクセントが‘L’であるもの

   b. 固有語で「아츰[朝]、낮[晝]、나조ㅎ[暮]、밤[夜]」などの時令をあらわすもの

   c. 漢字語で1音節、アクセントが‘L’であるものの一部、すなわち、固有語化した程度が高いと思われる「宮、年、堂、東、燈、門、坊、瓶、峯、山、床、城」など（ただしこれらは「애/에[ai/əi]」を取ることもある）

   ② 「-애/에[ai/əi]」

   a. 固有語で①a~b以外のもの

   b. 漢字語

このうち、その分布が問題になるのは、3の①と②である。

(4) a. 이 龍이 靑蓮 <u>모새</u> 이실씨 ＜釈譜詳節 13:8a＞（1447年）（この龍が青蓮の<u>池に</u>いるので）【못[mos, H]（池）+-애[ai]】

   b. 楞伽山이 南天竺 바룴 <u>ᄀᆞ새</u> 잇ᄂ니 ＜釈譜詳節 6:43b＞（1447年）（楞伽山が南天竺の海の<u>淵に</u>あるので）【ᄀᆞ[kʌz, R]（淵）+-애[ai]】

   c. 世尊이 우리 <u>나라해</u> 오샤 滅度ㅎ시니 ＜釈譜詳節 23:52b＞（1447年）（世尊が我が<u>国に</u>いらっしゃって滅度なさるので）【나라ㅎ[narah, LH]（国）+-애[ai]】

---

4 「-애/에[ai/əi]」、「-익/의[ʌi/ūi]」など、斜線を境にして前後に記したものは、母音調和による異形態である。現代朝鮮語に至る過程で、こうした異形態の対立は失われる。また、「-애/에[ai/əi]」などは下降二重母音であったと考えられるが、これも現代朝鮮語に至る過程で、単母音[ɛ/e]に変化する。これらのことがらについては、3章で触れることにする。

　　d. 쪼 佛子ㅣ 무슨매 着이 업서 <釈譜詳節 13:23b>（1447 年）（また仏
　　　子が心に着がなく）【무숨 [mʌzʌm, LL]（心）+ -애 [ai]】

(5) a. 이 菩提樹는 우희 잇는 畢鉢羅樹ㅣ라 <釈譜詳節 24:36a>（1447 年）
　　　（この菩提樹は上にある畢鉢羅樹である）【우ㅎ [uh, L]（上）+ -의 [ūi]】

　　b. 虛空 투샤 山이 니르르시니 <月印千江之曲 20a>（1447 年）（虛空に
　　　乗って山に至ったので）【山 [L] + -이 [ʌi]】

(4a) の「못 [mos, H]（池）」と（4b）の「곶 [kʌz, R]（淵）」は固有語でアク
セントが 'H', 'R' であるため②の「-애 [ai]」で現れており，（4c）の「나라ㅎ
[narah, LH]（国）」と（4d）の「무숨 [mʌzʌm, LL]（心）」は 2 音節語である
ので，アクセントにかかわらずやはり②の「-애 [ai]」で現れている。一方，
(5a) の「우ㅎ [uh, L]（上）」は固有語であり 1 音節語でアクセントが 'L' であ
るので①の「-의 [ūi]」で現れている。(5b) の「山 [L]」は，起源的には漢
字語ではあるが，1 音節語でアクセントが 'L' であり，また固有語化した程
度が高いと思われ，やはり①の「-이 [ʌi]」で現れている。

　李崇寧 (1980)，崔世和 (1964)，洪允杓 (1969) など，従来の多くの研
究で，①の「-이 / 의 [ʌi/ūi]」を「特異處格」と呼び，ある種の「特異」な
意味を持った名詞の場合に現れる，と説明されてきたが，①bのごく一部
の例外を除けば，これらは，先行名詞の語種や音節数，アクセントなどに
よって，体系的な分布をなしていたと考えられる。

2．2．中期朝鮮語の属格

　一方，中期朝鮮語の属格の形態は「-이 / 의 [ʌi/ūi]」，「-ㅅ [s]」などがあっ
たが，はやくに安秉嬉 (1968) により，次のような分布があったと指摘さ
れている。

(6)　①「-이 / 의 [ʌi/ūi]」……有情物（平称）
　　　②「-ㅅ [s]」………………有情物（尊称），無情物
いくつか例をあげてみよう。

(7) a. 사르미 뜨들 거스디 아니ㅎ노니 <月印釈譜 1:12b>（1459 年）（人の
　　　思いに逆らわないので）【사룸 [sarʌm]（人）+ -이 [ʌi]】

　　b. 化人은 世尊ㅅ 神力으로 두외의 ㅎ샨 사르미라 <釈譜詳節 6:7b>
　　　（1447 年）（化人は世尊の神力で為るようになった人である）【世

尊+-ㅅ[s]】

c. <u>나랏</u> 말쏘미 中國에 달아 ＜訓民正音諺解 1a＞（1446/1459 年）（<u>国の</u>
言葉が中国に異なって）【나라[nara]（国）+-ㅅ[s]】

（7a）の「사롬[saram]（人）」は有情物で尊敬に値しない人物（平称）であ
るため①の「-이[ʌi]」で現れているのに対して，（7b）の「世尊」は有情物
で尊敬に値する人物（尊称）であるため②の「-ㅅ[s]」で現れている。ま
た，（7c）の「나라[nara]（国）」は無情物であるためやはり②の「-ㅅ[s]」
で現れている。

　属格が有情物と無情物とで異なる標識で現れる言語は世界に多々存在す
るようであるが，中期朝鮮語の場合，そうした分布を見せつつも，有情物
が平称か尊称かによって異なり，さらには，無情物と有情物の尊称とが同
一の形態で現れる，という点が非常に興味深い。

2．3．中期朝鮮語の處格と属格の関係

　冒頭において，万一，属格が起源的にも「-에[e]」にさかのぼるのであれ
ば，そもそも朝鮮語は，處格と属格の区別がなかった言語なのでは，とい
う疑問も呈したが，こうした中期朝鮮語の様相を見るなら，属格が起源的
に「-애/에[ai/əi]」にさかのぼるような痕跡は見られない。2．2で見た
ように，属格が「-애/에[ai/əi]」で現れるような例は見られないためであ
る。

　ただし，現代朝鮮語とは異なり，「-익/의[ʌi/ūi]」でもって，一部，處格
と属格の衝突が起こるように見える。2．1で見た處格，2．2で見た属
格ともに，同一の「-익/의[ʌi/ūi]」が見られるためである。が，この衝突
は実際には起こらない。すなわち，（5a）～（5b）の「우희[uh+ūi]」，「山익
[ʌi]」は，「上に」，「山に」（處格）であって，「上の」，「山の」（属格）では
ない。2．2で見たように，「上」，「山」などの無情物の属格は，「-익/의
[ʌi/ūi]」ではなく，「-ㅅ[s]」を取るためである。また，（7a）「사로미
[saram+ʌi]」は，「人の」（属格）であって，「人に」（處格）ではない。有
情物は處格「-익/의[ʌi/ūi]」を取らず，以下の（8）のような与格を取るた
めである。

（8）①「-익/의[ʌi/ūi]+그에(게)[kūŋəi(kəi)]」………有情物（平称）

②「-ㅅ[s]+그에(긔/게)[kŭŋəi(kŭi/kəi)]」………有情物（尊称）

このように与格は種々の形態で現れるが，いずれの形態も，属格＋形式名詞（おそらく場所をあらわす形式名詞）という構成からなる。2．2の(6)に見た属格における平称と尊称の別も維持される。

(9) a. 道理 닷ᄂᆞᆫ 사ᄅᆞ믹그에 마ᄀᆞᆯ 씨라 <月印釈譜 2:14b> （1459年）（道理磨く人にふさぐことである）【사ᄅᆞᆷ [sarʌm]（人）+-익그에 [ʌikŭŋəi] <-익 [ʌi]+ 그에 [kŭŋəi]】

b. 도라가 世尊끠 내 ᄠᅳ들 펴아 ᄉᆞᆲ쇼셔 <釈譜詳節 6:6a> （1447年）（帰って世尊に私の思いを繰り広げて申し上げてください）【世尊 +-끠 [skŭi] <-ㅅ [s]+ 긔 [kŭi]】

(9a)の「사ᄅᆞᆷ [sarʌm]（人）」は有情物（平称）であるため①の「-익 [ʌi]」が含まれた与格，(9b)の「世尊」は有情物（尊称）であるため②の「-ㅅ [s]」が含まれた与格で現れている。いずれにしても，「人に」は (9a) のように現れるため，(7a)「사ᄅᆞ믹 [sarʌm+ʌi]」は，自動的に「人の」（属格）となる[5]。

2．4．中期朝鮮語の處格と属格の結合

また，中期朝鮮語において，處格と属格が結合した例も見られる。「-앳/엣 [ais/əis], -읫/읫 [ʌis/ūis], -옛 [iəis]」などである。

(10) a. 四海ᄂᆞᆫ 四方앳 바ᄅᆞ리라 <釈譜詳節 3:5b> （1447年）（四海は四方にの海である）【四方 +-앳 [ais] <-애 [ai]+-ㅅ [s]】

b. ᄯᅩ 하ᄂᆞᆯ 우흿 諸天香ᄋᆞᆯ 마타 <釈譜詳節 19:18a> （1447年）（また天の上にの諸天香をかいで）【우ᄒ [uh]（上）+-읫 [ūis] <-의 [ūi]+-ㅅ [s]】

(10a) では處格「-애 [ai]」，(10b) では處格「-의 [ūi]」の後ろに属格「-ㅅ [s]」が結合して，それぞれ「-앳 [ais]」，「-읫 [ūis]」のようになっており，日本語の訳は「～にの～」としておいた。なお，この場合，後ろに結合する属格は，(10) で見るように「-ㅅ [s]」のみであり，「-익 / 의 [ʌi/ūi]」が結合することはない。2．3で見たように，有情物は与格を取り處格を取らな

---

5 ただし，名詞節や関係節の意味上の主語を属格でもって表示するいわゆる主語的属格の場合は，無情物・有情物（尊称）であっても，「-익 / 의 [ʌi/ūi]」を取ることが多く（「-ㅅ [s]」を取ることもあるにはある），2.2の (6) で見たような規則的な分布は見られない。

いため，無情物の處格「-애/에[ai/əi]」，「-ᄋᆡ/의[ʌi/ūi]」，「-예[iəi]」に続く属格も，無情物の「-ㅅ[s]」のみが現れるのである。このような處格と属格の結合については，後に再び注目することにする。

3．近世朝鮮語以降の変化

3．1．近世朝鮮語以降の處格の変化

　2．1で見た中期朝鮮語の處格の体系が，その後，近世朝鮮語を経て現代朝鮮語に至る過程は，ごく簡単にいえば，(3) のように種々の形態が存在していたものが，「-에[e]」に単一化していく，ということである。すなわち，(3) の3①の「-애/에[ai/əi]」については，母音調和にかかわらず「-에[əi]」の頻度が高まり一般化し，さらに「-에」は，[əi]>[e]のように単母音化した。また，(3) の3②の「-ᄋᆡ/의[ʌi/ūi]」についても，「-의[ūi]」の頻度が高まるものの，18世紀以降は衰退し，「-에[əi]」に交替していった。この「-ᄋᆡ/의[ʌi/ūi]」の衰退は，中期朝鮮語に規則的に見られたアクセント体系が，その後，失われていったところに要因があるのかもしれない。

　ただし，(3) の1の「-예[iəi]」は，後代にも多数の例が現れる。(11)は，ごく最近，19世紀末期～20世紀初頭の用例である。

(11) a. 텬디 ᄉᆞᅵ예 죠고만흔 곳지라도 <竈君霊蹟誌 1a>（1881年）（天地のあいだに小さなところであっても）【ᄉᆞᅵ[sʌi]（あいだ）+-예[iəi]】

　　 b. 누가 그 째예 전도ᄒᆞ엿ᄂᆞ뇨 <神学月報 2:245>（1902年）（誰がその時に伝道したのか?）【째[stai]（時）+-예[iəi]】

なお，現代朝鮮語においても，「이[i]」母音の後の處格「-에[e]」は，実際の音声は[y]が添加し，[ye]になることが多い。

　また，2．4で見た處格と属格が結合した，「-앳/엣[ais/əis]，-잇/읫[ʌis/ūis]，-옛[iəis]」についても「-엣[əis]」に一般化するが，「-엗[əit]」も見られる。これは，音節末子音「ㅅ[s]~ㄷ[t]」が合流したことによる。

(12) a. 손과 다못 발은 다 이 흔 사름의 身上엣 形體ㅣ라 <五倫行実図 5:13a>（1721年）（手と及び足は皆このある人の身上にの形体である）【身上+엣[əis] < 에[əi]+ㅅ[s]】

　　b. <u>病身</u>엔 사름이 계오 支撑ᄒᆞ여 ＜隣語大方 1:33b＞（1790年）（<u>病身</u><u>にの人</u>がようやく支撑して）【病身＋엔[əit]＜에[əi]＋ㄷ[t]】

（12a）は中期朝鮮語と同様に「-엣[əis]」で現れているのに対し，（12b）は「-엔[əit]」で現れたものである。ただし，これらの形態は，19世紀以降，ほとんど見られなくなる。

３．２．近世朝鮮語以降の属格の変化

　一方，属格については，２．２で見たように，中期朝鮮語において「-ᄋᆡ／의[ʌi/ɯi]」と「-ㅅ[s]」が存在していたものが，「-의[ɯi]」に単一化すると，いちおう，いうことができる。すなわち，（6）①の「-ᄋᆡ／의[ʌi/ɯi]」のうち，母音調和にかかわらず「-의[ɯi]」の頻度が高まり一般化していった。また，（6）②の「-ㅅ[s]」については，音節末子音「ㅅ[s]～ㄷ[t]」の合流のより，「ㄷ[t]」で実現することもあった。

（13）a. 文王이 <u>六州ㅅ</u> 빅셩을 거ᄂᆞ려 ＜女四書 4:31a＞（1737年）（文王が<u>六州</u>の民を従えて）【六州＋-ㅅ[s]】

　　　b. <u>周ㄷ</u> 業이 隆ᄒᆞᆯ 基ᄒᆞ고 ＜女四書 3:63b＞（1737年）（<u>周</u>の業が隆んなことに基づいて）【周＋-ㄷ[t]】

（13）は同一の文献でありながら，（13a）では「-ㅅ[s]」で，（13b）では「-ㄷ[t]」で現れているのがわかる。ただし，このような属格の形態も，徐々にその格機能が衰退し，現代朝鮮語に至っては，複合語標識の機能(音韻現象)に変化している。

（14）a. 바닷가[pada+ʔka]（海辺）【＜바다[pada]（海）＋ㅅ[s]＋가[ka]（淵）】

　　　b. 손가락[son+ʔkarak]（手の指）【＜손[son]（手）＋ㅅ[s]＋가락[karak]（細いもの）】

（14）は，現代朝鮮語の例をあげたものであるが，「海辺（＜海＋淵）」や「手の指（＜手＋細いもの）」といった複合語を構成する際に，後続要素が声門の緊張［ʔ］を伴って発音される音韻現象が生じ，その標識として「ㅅ[s]」が使われたものである。

　また，属格が「-에[əi]」のように現れた例も見られる。

（15）a. <u>즁원</u>에 북방 ᄯᅡ 일홈이라 ＜御製諭咸鏡道南関北関大小士民綸音 2a＞（1783年）（<u>中原</u>の北方の地の名前である）【즁원[chiuŋuən]（中

原)+-에[əi]】

b. 금세에 원슈는 안니요 전싱에 원슈로다 <竈君霊蹟誌 10a>（1881
年）（近世の敵ではなく前生の敵であるのだ）【금세[kūmsiəi]（近
世)+-에[əi]，전싱[chiənsʌiŋ]（前生)+-에[əi]】

こうした例については，次章で再度触れることにする。

４．属格が「-에[e]」と実現する背景

　以上，見てきたような處格と属格の通時的な変化様相をふまえ，現代朝
鮮語において属格がしばしば「-에[e]」と実現する背景について考えつつ，
本稿を締めくくることとする。

　まず考え得ることとして，本稿の冒頭において，そもそも朝鮮語は，處
格と属格の区別がなかった言語なのでは，という疑問も呈したが，すでに
２．３で述べたように，属格が起源的に「-애/에[ai/əi]」にさかのぼるよ
うな痕跡は見られなかった。また本稿では扱わなかったが，さらにさかの
ぼる古代朝鮮語においても同様である。もっとも，處格と属格が起源的に
同一だった可能性［洪宗善(1984)，고창수(1992)，조재형(2011)など］はあ
り得るが，ただし，それは「-ᅵ/의[ʌi/ūi]」においてであって，本稿が注
目することがら，すなわち，現代朝鮮語において属格がしばしば「-에[e]」
と実現する現象には，直接的にはつながらないものと考えられる。もっと
も，處格は古代朝鮮語において，高麗時代の漢文訓読資料（釈読口訣資料)
では「ㆁ+(良中)[akūi]」，「ㆍ+/ᅩ+(亦中)[iəkūi]」，「+(中)[kūi]」，「ㆁ
(良)[a]」，「ᄒ(衣)[ūi]」など種々の形態で現れ［李建植 (1996)，拙稿 (2004)
など］，さらに，古代三国時代の吏読資料では常に「中」と現れる［小川
(1980)，藤本（1986）など］など，２．１で見た中期朝鮮語の様相とはか
なり異なるため，両者が起源的に同一であったかも熟慮する必要がある。

　次に，２．２の（6）で見た属格の「-ᅵ/의[ʌi/ūi]」，これらは母音調和
をなす異形態であったが，そのうちの「-ᅵ[ʌi]」に由来するのでは，と考
える可能性もあり得る。しかし，その後の近世朝鮮語では，「-ᅵ/의[ʌi/
ūi]」のうち「-의[ūi]」の頻度が高まり一般化する傾向が顕著であった。「ᆞ
[ʌ]」は，一般的に２音節目以降では「ᅳ[ū]」に合流し，１音節目では「아

[a]」に合流したため，常に語末に現れる「-이[ʌi]」が「-의[ūi]」に合流するのは，ごく一般的な音韻変化である。実際，「-이[ʌi]」の例はほとんど見られなくなり，こうした見方は，その傾向と合致しない。さらに，万一，これが「-이[ʌi]」に由来するのであれば，「-이[ʌi]」の「으[ʌ]」が「아[a]」に合流し，「애[ai]」を経て，「애[ɛ]」に単母音化するはずだが，現代朝鮮語で「-에[e]」と実現するのは，説明がしがたい点もある。

　そこで注目したいのは，近世朝鮮語で属格が「-에[ǝie]」のように現れる３．２の（15）のような例である。こうした例をめぐっては，現代朝鮮語で属格がしばしば「-에[e]」と実現するのと同様に，その発音が表記に反映されたものとみなされることもあったが，ここでは，まったく別の解釈をしてみたい。すなわち，２．４で見た處格と属格が結合した「-앳/엣[ais/ǝis]，-잇/읫[ʌis/ūis]，-옛[iǝis]」などが，３．２の（12）で見たように，近世朝鮮語で音節末子音「ㅅ[s]～ㄷ[t]」の合流により「-엣[ǝis]～-엩[ǝit]」のように現れることもあったが，ここでさらに，音節末子音の「ㅅ[s]～ㄷ[t]」が脱落して生じるようになった形態，と解釈しようということである。

　そのように解釈することにより，本稿が注目することがら，すなわち，現代朝鮮語において属格がしばしば「-에[e]」と実現する現象の背景は，このような處格と属格が結合した形態から，その音節末子音が脱落することにより生じるようになったのではないか，と見ることも可能になるのではないかと思われる。こうした見方が確固たる拠り所を得るためには，より多くの用例についての検討が不可欠であろうが，いま，その可能性について提起しておき，さらなる検討は今後の課題としておきたい[6]。

　注記
本稿はJSPS科研費[課題番号:21K00474]による助成を受けた。

6　處格と属格が結合した構成「-엣[es]」がいわば化石化した次の(16)のような語の存在も，こうした可能性提起の拠り所のひとつになっている。
　(16) a. 귀엣말 [kwi+es+mal](耳打ち)【< 귀 [kwi](耳)+- 엣 [es]+ 말 [mal](言葉)】
　　　 b. 눈엣가시 [nun+es+kasi](目の敵)【< 눈 [nun](目)+- 엣 [es]+ 가시 [kasi](棘)】
　　　 c. 앞엣것 [ap+es+kŏt](前のもの)【< 앞 [ap](前)+- 엣 [es]+ 것 [kŏt](もの)】
　　　 d. 뒤엣것 [twi+es+kŏt](後のもの)【< 뒤 [twi](後)+- 엣 [es]+ 것 [kŏt](もの)】

參考文献

小川環樹(1980)「稲荷山古墳の鉄剣銘と太安万侶の墓誌の漢文におけるKoreanismについて」『京都産業大学国際言語科学研究所所報』1-3, 京都産業大学, 68-81

河野六郎(1955)「朝鮮語」市河三喜・服部四郎 編『世界言語概説 下巻』東京:研究杜, 359-439 [河野六郎(1979)に収録]

河野六郎(1979)『河野六郎著作集』1, 東京:平凡社

上保 敏(2005)「釋讀口訣資料의 處格語 研究——名詞의 讀法과 關聯하여——」『冠嶽語文研究』29, 서울大學校 國語國文學科, 329-347

上保 敏(2007)「15세기 한국어의 처격체계」『口訣研究』18, 口訣學會, 289-315

藤本幸夫(1986)「「中」字孜」宮地 裕 編『論集 日本語研究 二 歴史編』東京:明治書院, 389-420

고창수(1992)『고대국어의 구조격 연구』고려대학교 대학원 박사학위논문

南豊鉉(1977)「國語 處格助詞의 發達 ——舊譯仁王經의 口訣을 중심으로——」『李崇寧先生古稀紀念 國語國文學論叢』서울:塔出版社, 69-93

安秉禧(1968)「中世國語의 屬格語尾 '-ㅅ'에 對하여」『李崇寧博士 頌壽紀念論叢』서울:乙酉文化社 [安秉禧(1992)에 收錄]

安秉禧(1992)『國語史研究』서울:文學과 知性社

安秉禧・李珖鎬(1990)『中世國語文法論』서울:學研社

李珖鎬(2004)『근대국어 문법론』서울:태학사

李建植(1996)『高麗時代 釋讀口訣의 助詞에 대한 研究』檀國大學校 大學院 博士學位論文

李崇寧(1980)「中世國語의 特異處格「-이」, 「-의」에 對하여」『學術院論文集(人文・社會科學篇)』19, 大韓民國 學術院, 101-136

이태영(1997)「국어 격조사의 변화」國語史研究會 編『國語史研究』서울:태학사, 701-755

최성규(2016)『차자표기 자료의 격조사 연구——삼국시대부터 고려시대까지를 중심으로』서울대학교 대학원 박사학위논문

崔世和(1964)「處格의 變遷 ——'이・의'를 중심으로——」『國語國文學論文集』5, 東國大學校 國語國文學科, 21-49 [崔世和(1987)에收錄]

崔世和(1987)『國語學論攷』서울:東國大學校 出版部

洪允杓(1969)「十五世紀國語의 格研究」『國語研究』21, 서울大學校 大學院 國語研究會

洪宗善(1984)「屬格・處格의 發達」『國語國文學』91, 國語國文學會, 281-284

황선엽(2016)「중세・근대국어 속격조사 연구의 쟁점과 과제」『국어사 연구』23, 국어사학회, 71-95

この分野を学ぶための基礎参考文献

金文京(2010)『漢文と東アジア――訓読の文化圏』東京:岩波書店(岩波新書)

志部昭平(1990)『諺解三綱行實圖研究』東京:汲古書院

福井 玲(2013)『韓国語音韻史の探究』東京:三省堂

李基文(1961/1998)『(新訂版) 國語史 概説』서울:태학사 [邦訳:藤本幸夫 訳(1975)『韓国語の歴史』東京:大修館書店]

李翊燮・李相億・蔡琬(1997)『韓國의 言語』서울:신구문화사 [邦訳:前田真彦 訳(2004)『韓国語概説』東京:大修館書店]

ことばの使われる「場」—文章ジャンルと文法形式—

川島拓馬

1. はじめに

　日本語において、表されている意味は概ね同じであっても、様々な異なる表現様式が用いられることがある。

(1) a. 分からないところがあったら、手を挙げてください。
　　 b. 不明な点がある場合は、挙手してください。
(2) a. この問題については、全然気にされていないみたいだ。
　　 b. この問題については、全く注目されていないとみられる。

上記の用例から容易に気づかれることとして、(1)(2)のそれぞれにおいてaはくだけた、bは改まった表現様式だということが挙げられる。こうした違いは、どのような状況で発話するか、どのような文章に書くか、聞き手あるいは読み手としてどのような人を想定するか、等の要因によって変わってくる。

　このような言語様式の差は現代の日本語話者にとっておおよその共通理解が得られていると考えられ、それゆえ種々の状況に応じて適切な言語運用がなされていると言える。しかしその実態がどうなっているか、精確に分析することは簡単ではない。本稿では、特に書き言葉における文章ジャンルの差に注目し、言語形式の運用について考察を行う。具体的には、「模様だ」という形式を取り上げ、文章ジャンルと形式の使用状況に関する興味深い事例を紹介する。次いで、日本語研究におけるジャンルへの着目がもたらす可能性と今後の課題について、ごく簡単にではあるが述べたいと思う。

2. 文末形式「模様だ」について

2.1「模様だ」の用法上の特徴

　現代語の「模様だ」の用法について詳しく考察した佐藤(2004)による

14

と、「模様だ」は発話される状況が狭く限定されており、新聞などの報道文や職務上の義務に基づいた公的報告に限られるという。

(3)　(道路公社の職員から消防署への通話)

　　　熱海峠で玉突き事故が発生しました。けが人が出た模様です。救急車は至急かけつけてください。

(4)　(事故現場付近にいあわせた通行人の発話)

　　　あ、119番ですか？ 熱海峠で玉突き事故があって、けが人が出た {*模様です／ようです}。すぐに来てください。

　佐藤 (2004) によれば、「模様だ」が使われる文の特徴は、話者自身の認識があたかも存在しないかのような述べ方になっており、結果的に認識の主体が背景化されている点にあるという。この点について佐藤 (2005) では社会的要因の点から考察されており、それによれば、高度に組織化された社会においては話者が発話内容の認識の主体を隠したり、話者が伝達行為の主体であることを目立たなくするよう要求されたりすることが少なくなく、認識主体としての自己が背景化されることがあるという。佐藤 (2005) は現代語を対象とした研究であるが、「模様だ」のような現象は比較的新しいものであり、近年における社会の高度な組織化という要因によって生じた機能的要請に応じる形で発達してきたことを示唆している。

2.2「模様だ」の成立と展開

　佐藤 (2005) の指摘を具体的な形で検証するためには、「模様だ」がどのように成立し、現在の姿へと至っているのかの過程を明らかにする必要がある。そこで川島 (2017) では、名詞「模様」の使用状況の観点から「模様だ」の歴史的変遷について調査を行った。ここではその概略を述べるにとどめ、詳細については拙稿を参照されたい。

　管見の限り、現代の「模様だ」に連なる最も早い用例としては、1878 (明治11) 年の横濱毎日新聞の例が挙げられる。

(5)　本港居留地二十三番館へ神戸表より積来る石油二千六百箱 (前號に五千箱とあるは誤聞) は一昨日三菱滊船須摩浦丸にて入港したれば先つ石油は次第に下落する摸様なり　(横濱毎日新聞・1878/01/22)

明治初期の新聞を調査したところ、「模様」が上記のような文末位置で使用

される比率などを考慮して、およそ1880年代には「模様だ」が成立し、萌芽的な段階にあったと判断した。その後の展開として、1920年代にはそれまであった「模様あり」という形式が見られなくなり、文末位置への偏りが著しくなった。こうした点から、1920年代に新聞において「模様だ」の使用が定着したと考えることができる。

　一方で、同じく明治・大正期の雑誌や小説なども調査したが、新聞に比べ「模様だ」の使用は限定的である。幾らか用例の見られた雑誌であっても新聞とは様相が異なっており、大正期を例にすると、「模様」の全用例における「模様だ」の比率は、雑誌で20%弱であるのに対し、新聞では60%を超えている[1]。これより、「模様だ」が文末形式として成立・定着したのは新聞という文章ジャンルにおいてであったことが明らかとなった。

2.3「模様だ」の使用におけるジャンル的偏り

　既に述べたように、「模様だ」は新聞等の公的文体に特徴的な形式であり、その性質は「模様だ」の成立期において既に確認できる。つまり、「模様だが」が頻りに使われる文章もあれば、ほとんど使われない文章もあるということである。以下では、こうした文章ジャンルにおける言語使用の偏りについて、一つの事例を基に考察したい。

　「現代日本語書き言葉均衡コーパス」（以下、BCCWJとする）から収集した「模様だ」の用例[2]について、それがどのような文章において用いられているか、調査を行った。考察対象は全473例である。BCCWJは様々な文章のデータから構築されているが、個々の文章の種類のことをBCCWJではレジスターと呼んでいる[3]。収集した用例について、レジスターごとの用

1　〈図柄・文様〉の意で使われる「模様」の用例は、考察対象から除いている。

2　検索にあたっては「中納言」を使用し、条件を「語彙素：模様」に設定した。得られた全3490件の用例について、「だ」「である」などコピュラ相当句を後接させた用例を抽出した。もちろん〈図柄・文様〉の意の「模様」も除外している。

3　これはBCCWJにおいて用いられる用語であって、社会言語学におけるレジスター（register）とは意味が異なる。レジスターとは「状況に応じて語彙や文法・発音などを変えた言語変種（『応用言語学事典』研究社、2003年）」のことをいい、話し手個人の属性に拠る方言（dialect）と対置される概念である。本稿では、煩雑にはなるが、BCCWJ内の区分については「レジスター」と呼ぶが、文章の種類一般については「ジャンル」と呼ぶ。

例数と 100 万語あたりの調整頻度（pmw）を以下の表に示す。

【表】「模様だ」のレジスターごとの用例数と調整頻度[4]

レジスター	用例数	調整頻度
出版・雑誌	35	7.87
出版・書籍	65	2.28
出版・新聞	25	18.25
図書館・書籍	80	2.63
特定目的・ブログ	213	20.89
特定目的・ベストセラー	3	0.80
特定目的・国会会議録	5	0.98
特定目的・知恵袋	34	3.31
特定目的・白書	13	2.66

　上記の表より、新聞においてよく用いられるという「模様だ」の特徴は裏付けられる。対して、一般の書籍類にはほとんど使用が見られないことも分かる。書籍の中でも文学のジャンルは他のジャンルと文体的に異なることが示されており（中俣 2020 など）、本調査においても〈出版・書籍〉〈図書館・書籍〉〈特定目的・ベストセラー〉の 3 つのレジスターに関しては日本十進分類法における「90 文学」を別に扱い、文学とそれ以外に分けて pmw を算出した。結果として、文学の pmw が 3.48、文学以外が 1.83 となり、両者の間に大きな差はなく、またいずれかの下位ジャンルが飛び抜けて高いということもなかった。

　新聞の文章ジャンルの特性として、公的なものであり、改まっているといった点が挙げられるだろう。これを満たす文章は新聞以外にも存在すると思われるが、BCCWJ においては国会会議録や白書には「模様だ」があまり用いられていないということも本調査によって示された。川島（2017）

4　〈特定目的・韻文〉〈特定目的・教科書〉〈特定目的・広報誌〉〈特定目的・法律〉には「模様だ」の例が見られなかった。

で行った近代期の調査において扱った雑誌も論説文が中心であり、「改まり／くだけ」でいえば改まった文章、硬い文章と言える。これより、「模様だ」が頻用される文章の条件とは単に「改まった、硬い文章」というだけでは不十分ということになる。

　更に、新聞と同等に「模様だ」が使われる文章として、ブログが挙げられる点も注目に値する。ブログの特性として、公的なものとは言いがたく、またどちらかと言えばくだけた文章が多く、およそ新聞とは類似していないように思われる。またブログと同じくインターネット上の文章であり、かつくだけた文体で書かれるYahoo!知恵袋に関しては、「模様だ」の使用は決して多くない。これらのことからも、「模様だ」の使用と文章ジャンルの関わりに対して「改まり／くだけ」「硬い／柔らかい」といった基準だけでは説明できないと分かる。

2.4 ブログの用例から見る「模様だ」使用に関するジャンル的特性

　では「模様だ」が頻用される文章にはどのような特性があるのか、ブログにおける「模様だ」の用例を見ていくことで考察する。もちろんブログは個人が自由に書いていくタイプの文章であり、中には新聞とさほど変わらない、改まった文体で書かれるものもある。しかし、ブログにおける「模様だ」には以下のような用例も少なくない。

(6)　それにしても、本当に今年は春が早い。五月十日の東川の行事では、公園に植栽されている「エゾムラサキツツジ」が頼り？なのですが、もうすでに咲いてしまっている<u>模様</u>。　　　　(OY03_00062 24620)

(7)　店内のBGMはどうやらPCで再生している<u>模様</u>。あまり音は良くないですかね。　　　　(OY03_00577 2100)

(8)　最近、敷地内で見かけた、三毛猫さん。どうも、居ついた<u>模様</u>・・・
　　　　(OY05_00868 260)

これらの例は書き手にとってごく身近な話題について書かれたものと思われ、新聞のような文章とは大きく性格が異なると言える。佐藤（2004）の言う「認識主体の背景化」にも該当しないと考えられる。これらは「ようだ」と置き換えても問題がなく、ブログの文章ということを考えれば全く自然であると言える。「ようだ」の用法に照らせば、日本語記述文法研究会

(編)（2003）の挙げる「話し手が観察したことに基づいてあることを推定する用法（同：p.165）」（＝推定）に相当すると考えられる。

　(9)　道路が濡れている。どうやら、昨夜雨が降った<u>ようだ</u>。

　このように捉えられる例は多いが、一方で、幾らか性質の異なった用例も見られる。

　(10)　コンスタントにめばるを釣り上げる釣友の姿。久方ぶりの釣行ですが今日はご満悦の<u>模様です</u>。　　　　　　　（OY15_00093 8390）

　(11)　ちなみに、今日の午前9時30分00秒から初便は売り出されましたが、ホームページの表示を見ていたら、およそ1分くらいで全席売り切れになった<u>模様です</u>。　　　　　　（OY15_14043 1650）

(10)は「様子だ」に置き換えられるタイプで、名詞「模様」が〈様子〉の意を持っていることを考えれば、このような用法が存在することは自然と思われる。(11)は書き手自身がホームページを見て確認しているのだから「売り切れになった」ことは確実であり、概言形式とは言いがたい。この点で、報道等の文脈に顕著な、他から得た情報を基に述べる「模様だ」とは性質が異なっている。だがこうした用法の存在が不自然かと言えばそうではない。「ようだ」には先に示した推定以外に、以下のような用法も存在する。

　(12)　［部屋の窓から外を見て］まだ雨はやんでいない<u>ようだ</u>。

　(13)　どうも、あなたのおっしゃっていることは、私には理解できない<u>ようです</u>。

(12)は日本語記述文法研究会(編)（2003）の言う「話し手が観察したことそのものを述べる用法（同：p.165）」（＝様態）であり、(13)は「「そのような感じがする」というような婉曲的な述べ方をする（同：p.165）」用法（＝婉曲）である。(10)(11)の「模様だ」の例が、上記の用法にそれぞれ相当すると考えられる。「模様」は〈様子〉の意を持つので、その〈様子〉が存在することを主として述べれば様態の用法に、〈様子〉の存在を述べるだけで事態内容が真であるかには積極的に言及しないという態度を取れば婉曲の用法になる。後者については佐藤（2004）にも同様の指摘があるが、新聞等の公的な文章に出現する場合は書き手自身を背景化した、すなわち一個人ではない社会的立場から述べたものであるという表現効果を生み出

す。これに対して、ブログは個人的な文章であって書き手が社会的立場を背負っているとは言えず、単に断定を回避するだけの婉曲的な述べ方になっていると考えられる。このように、「模様だ」の基本的な機能は共通するものであっても、それがどのような文章において使用されるかによって実現される用法や効果が異なっていると言える。

　最後に、一見すると特性の異なるように思える新聞とブログという2つの文章において「模様だ」が多く使われることを踏まえ、両者の共通性について考えたい。結論を先に述べると、「書き手が事実であろうと考える内容について、他者に伝達・報告を行う」という点が指摘できるのではないかと思われる。この点に関しては、「伝達・報告」という側面が最も重要であると考えられる。新聞はニュース報道を主体とする文章であるので当然のことだが、ブログにおいても同様の特徴は認められ、話し手が見聞きしたことや体験したこと、またそれについて感じたことなどを述べるというのが一般的なブログの文章と言える。それはすなわち、上記の内容を読み手に報告していると言うこともできるだろう。

　「報告」という特性が馴染むためには、その内容が一定の真実性を有していなければならないが、「模様だ」が使われる文にもそのような性質が見られる。佐藤（2004）が指摘するように、「模様だ」で述べられる内容は書き手にとって確実とまでは言えない。しかし、単なる想像や推量ではなく、他者情報など何らかの根拠に基づいた内容であるとは言える。新聞の報道が基本的には事実ベースであることが前提であり、よって「模様だ」で述べられる内容は確実に真実とは言えないものの、それを真と判断するだけの根拠は別にあり、相当程度真実に近いと書き手が判断していることになる[5]。ブログにおいても同様であり、書き手自身の感想といった真偽が問題とならないような内容は「模様だ」では表現されず、書き手が真であろうと判断した内容について言及されている。

　このように、「模様だ」は外部の事象について書き手が一定の真実性を認めた場合に用いられるのであり、書き手自身の見解や心的状態を述べる場合には用いられない。従って、改まった文章でもあっても、国会会議録や

5　佐藤（2004）が「「模様」の報告用法」と呼称している点も示唆的である。

論説文にはあまり用例が見られず、またくだけた文章であっても、質問と回答が主であるYahoo!知恵袋や、心理描写の多い小説にも用例が少ないのだと考えられる。

　もちろん、これはBCCWJに含まれる限定的な文章ジャンルを対象とした調査であり、この特性だけで全てが説明できるわけではないだろう。例えばエッセイ的な文章の中には、ブログと同様に「模様だ」が使われる場合があってもよさそうに思われる。この点に関しては、〈様子〉の意を持つ名詞「模様」があまり日常的な語でなく、やや改まった文体との親和性が高いことも考慮する必要があると考えられる[6]。しかし、「模様だ」のよく使われる文章には一定の条件があり、それは単なる「改まり／くだけ」「硬い／柔らかい」といった基準では捉えられないことは間違いない。本稿は、単なる「文章の種類」以上に踏み込んで「文章ジャンル」を捉え、その特性について考察することで、文法形式の使用に関わる条件や選好の抽出を試みたものである。

3. 文章ジャンルと文法の関係性

　文法研究において、当該の現象が生じたり当該の文法形式が使われたりするのがどういった状況なのかという点に関しては、広く関心が向けられてきた。大きな区別として「話し言葉」「書き言葉」というものがあり、それぞれに「改まり／くだけ」「硬い／柔らかい」などの区別が立てられる。「でも」は話し言葉的でくだけているが「しかし」は書き言葉的で改まっているといった違いは直感的にも理解できるものであり、コーパスを調査すれば頻度の差を数値で裏付けることもできる。

　こうした状況による言語の実態差を明らかにする研究は既に幾らか見ることができ、例えば江田（2013）ではアスペクト形式について会話・小説・新書のジャンルを踏まえて分析を行っており、志波（2015）では受身構文を4つに分類した上で各タイプが小説の会話文と地の文、報道文、評論文においてどのように分布するかを調査している。とは言え、文法研究にお

6　川島（2017）でも同趣旨のことを述べている。注6および注16を参照。

いて用例を広く収集することは一般的に行われているものの、それに比して出現する文章ジャンルの観点から考察を行っている研究は十分とは言えない。志波（2015）においても「テクストのジャンルについての定義（特徴規定）や詳細な分析が進んでいるとは言いがたい（p.361）」と指摘されている。また本稿と同じくBCCWJを用いつつもより厳密に用例の数理的処理を行った研究として中俣（2020）が挙げられる。中俣は副詞の出現傾向についてBCCWJのレジスター別に用例を検索した上で主成分分析を行い、「双方向的VS一方向的」「自己表現的VS公共的」という対立軸を抽出した。この結果を基に副詞の分類を行い、類義の副詞であっても文体的差異によって区分されることを明らかにしている。中俣（2020）は日本語教育への応用を企図した研究であり、文章ジャンルと文法上の諸現象との関わり合いを解明することには大きな意義があると言えよう。

　このような問題を理論的な側面から考える上で重要と思われる見方として「多重文法モデル」がある。これは図1に示すように、言語使用者が様々なジャンル（言語使用環境）ごとに文法を多層的に獲得・運用することを想定する言語モデルである。多重文法モデルによると、「話し言葉」「書き言葉」という大きな枠組みを基本として「日常会

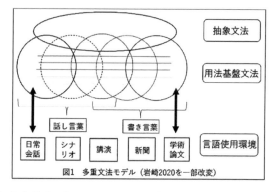

図1　多重文法モデル（岩崎2020を一部改変）

話」や「新聞」といった具体的なジャンルに即してジャンル文法があり、言語使用者がそれを獲得・運用している。こうした具体的なジャンル文法から抽象化された文法が抽象文法である。

　多重文法モデルはIwasaki（2015）、岩崎（2020）などで提唱され、近年注目を集めている。日本語の具体的な形式を取り扱った研究としては兼安・岩崎（2017）があり、補文標識の「こと」について会話・学会講演・新聞社説のジャンルにおけるデータを分析し、その用法の異なりから多重文法のあり様を指摘している。また大江ほか（2020）では左方転位構文を例に

研究を行っているが、その際、どの資料に用例が多く出現するかだけでなく、談話内のどのような位置で用いられているかに注目して分析がなされている。それにより、「独演調談話」という新たなジャンルの存在を提案することに成功している。このように、多重文法モデルの導入は従来の文法研究にはない論点の設定を可能にすると考えられる。

　文法に対するこうした捉え方は、歴史的研究に対しても重要な視点を提供しているように思われる。とりわけ、「現代日本語が形成される過程」に目を向ける必要があるだろう。というのも、現在見られる様々なジャンルは時代を通じて不変のものだったわけではなく、社会的文化的要因によって新しいものが生まれたりその内実が変化したりしているためである。従って、ジャンルごとに文法が存在するという見方は、過去の共時態、および通時態に対しても向けられるべきである。

　現代の標準語の特徴として渋谷 (2018) は、命題内容を論理的・分析的に明示しようとすること、そのために出来事や論理関係、言語使用者の事態の認識のあり方などを細かく表現しようとすることを指摘している。その特徴を示す具体的事象としては、複合格助詞などの論理関係を明示する形式、広義アスペクト形式、認識的モダリティ形式、とりたて助詞などが豊富に見られることが挙げられるという。ここで指摘される特徴は歴史的に一貫して見られるものではなく、現代日本語が形成される過程で生じてきたものである (田中 1958,1965)。従って、このような現代日本語へと連なる変遷の過程を解明することは、日本語研究全般にとって重要である。

　こうした点について分析しようとするとき、必要となるのがジャンルに対する意識である。先に挙げた標準語の特徴は多数を受け手として想定する文章において典型的に見られるものであり、ジャンルによる偏りが大きいと考えられる[7]。従って、ジャンルごとによる文法の多重性について解明するには通時的な考察も重要であり、とりわけ新たな文章ジャンルが多数登場した近代期の様相を明らかにすることが不可欠である。具体的には、新聞や論説文、演説といったいわゆる「口語」以外の資料に注目すべきで

7　渋谷 (2022) では、一旦発生した文法形式は口頭語においては一つもしくは少数の形式に収束しようとするが、文章語においては口頭語では使用されない様々な形式が余剰的にストックされる傾向にあることを指摘している。

あり、例えば矢島（2016）は近代の演説資料を用いて条件表現の調査を行い、話し言葉資料では多用されない「場合」「以上」などの形式について、その特徴を「公的表現指向」と指摘している。こうした研究は十分に行われているとは言えず、文法史研究においても、文章ジャンルの観点を取り入れた上で積極的に活用していくことが今後の課題である。

4. おわりに

　本稿を執筆している 2022 年 12 月には、日本語文法学会第 23 回大会において「ジャンルと文法—文法を揺るがす・形づくる・とどめる—」と題したシンポジウムが企画される。3 節で述べたように、ジャンルと文法の関係については様々な論点の立て方、分析・考察の行い方が考えられ、また種々の理論を背景に取り入れることによって、新たな視野が開かれている研究課題と言える。本稿で示した「模様だ」の事例は小さな考察に過ぎないが、同様の考え方を用いて他のどのような事例を説明できるかによってその有効性が試されるものと思われる。

　高度に理想化・抽象化された言語の実態について考察するタイプの研究もあるが、一方で、実際に使用されたあるいは使用され得る言語の実態を明らかにするタイプの研究もある。いずれも重要な研究であることは疑いないが、後者の場合、具体的にその言語が使用された「場」が必ず存在する。ジャンルに注目した言語研究とは、その「場」へとアプローチすることで言語の姿へと迫っていくものであると考えられ、現実的には言語はどこかで使用されるものなのだから、重要な視点と言える。目を向けるべき点は多く、課題は山積しているが、同時に可能性も広がっている。

参考文献

Iwasaki, Shoichi (2015) A multiple-grammar model of speakers' linguistic knowledge. *Cognitive Linguistics*, 26-2, pp.161-210.

岩崎勝一（2020）「言語知識はどのような形をしているか—個人文法の多重性と統合性—」中山俊秀・大谷直輝 (編)『認知言語学と談話機能言語学の有機的接点—用法基盤モデ

ルに基づく新展開―』pp.51-77, ひつじ書房

大江元貴・居關友里子・鈴木彩香（2020）「日本語の左方転位構文はいつ、どのように使われるか?」『社会言語科学』23-1, pp.226-241, 社会言語科学会

兼安路子・岩崎勝一（2017）「多重文法―「こと」の分析を通して―」鈴木亮子・秦かおり・横森大輔（編）『話しことばへのアプローチ―創発的・学際的談話研究への新たなる挑戦―』pp.69-99, ひつじ書房

川島拓馬（2017）「文末形式「模様だ」の成立と展開」『日本語の研究』13-3, pp.1-17, 日本語学会

江田すみれ（2013）『「ている」「ていた」「ていない」のアスペクト―異なるジャンルのテクストにおける使用状況とその用法―』くろしお出版

佐藤琢三（2004）「「模様」の報告用法について」『国語学』55-4, pp.73-84, 国語学会

佐藤琢三（2005）『自動詞文と他動詞文の意味論』笠間書院

志波彩子（2015）『現代日本語の受身構文タイプとテクストジャンル』和泉書院

渋谷勝己（2018）「標準語の癖―論理性と分析性―」『日本語学』37-1, pp.50-59, 明治書院

渋谷勝己（2022）「スタイルを組み込んだ文法研究―ことばに働く2つの力に注目して―」『日本語文法』pp.121-136, 日本語文法学会

田中章夫（1958）「語法からみた現代東京語の特徴」『国語学』34, pp.26-46, 国語学会

田中章夫（1965）「近代語成立過程にみられるいわゆる分析的傾向について」近代語学会（編）『近代語研究』1, pp.15-25, 武蔵野書院

中俣尚己（2020）「主成分分析を用いた副詞の文体分析」『計量国語学』32-7, pp.419-435, 計量国語学会

日本語記述文法研究会（編）（2003）『現代日本語文法4 第8部モダリティ』くろしお出版

矢島正浩（2016）「条件表現の用法から見た近代演説の文体」相澤正夫・金澤裕之（編）『SP盤演説レコードがひらく日本語研究』pp.194-222, 笠間書院

この分野を学ぶための基礎参考文献

小柳智一（2018）『文法変化の研究』くろしお出版

高田博行・田中牧郎・堀田隆一（編著）（2022）『言語の標準化を考える―日中英独仏「対照言語史」の試み―』大修館書店

田中牧郎（2013）『近代書き言葉はこうしてできた』岩波書店

陳志文（2012）『現代日本語の計量文体論』くろしお出版

第 2 章
東アジアの思想と歴史

北衙と蕃将

—唐の帝国的支配の構造—

林　美希

はじめに

　中国歴代王朝のなかでも唐といえば、一般に、シルクロード由来のエキ
ゾティックな外来文化が花開いた国際色豊かな時代であった、という側面
がよく知られる。それは唐の建国に北方民族が大きく関わっていたことと
決して無関係ではない。唐の王室は、その系譜を遡れば北魏の「六鎮の乱」
を機に内地に移住してきた北方系の人々であった。したがって、唐は北族
の血を色濃く引く人間たちが中国内地に入ってきて建てた王朝という性格
が強く、その内部では、従来の漢人文化だけではなく、さまざまな言語や
文化を持つ人々が混じり合った社会が形成された[1]。

　唐は建国後、長らく北方で強勢を誇っていた突厥第一可汗国と激突し、
太宗が突厥を瓦解させて領域の一部を支配下に組み入れたことを皮切りに、
北方・西方へと一気に勢力圏を広げた。こうした積極的な遠征によって唐
は「帝国」を築いたのであるが、忘れてはならないのは、広大な版図を持
つ唐を支えていたのは、強大な軍事力であったという点であろう。

　唐が安史の乱（755-763）を境に前期・後期と区分されるのと同様に、唐
の軍事制度も前期と後期に区分される。このうち前期の兵制はいわゆる「府
兵制」であった。府兵制とは、均田制・租庸調制と並ぶ唐王朝の統治基盤
のひとつで、各地に置かれた軍府（折衝府）を単位として兵士を動員する
制度である。彼らは非番の時は農業に従事し、農閑期に訓練を受け、交替
で上京して国都と宮城の警備にあたったほか、遠征にも動員された[2]。

　一方、唐の国都に目を転じると、府兵が所属する南衙の他に北衙と呼ば

1　唐王朝の建国と北方民族との関係については、石見清裕『唐の北方問題と国際秩序』（汲古書院、
　　1998 年）を参照。

2　府兵制については、気賀澤保規『府兵制の研究』（同朋舎、1999 年）を参照。本書以降の府兵
　　制に関する研究成果については、平田陽一郎『隋唐帝国形成期における軍事と外交』（汲古書院、
　　2021 年）に詳しい。

れる軍団がある。北衙（北衙禁軍）とは、宮城北門（玄武門）に駐屯する皇帝近衛兵の総称で、いわば皇帝権力を直接支える軍事力なのであるが、彼らの存在についてはこれまでほとんど等閑視されてきた。というのも、唐代前期には府兵制が大きく安定したシステムとして国家全体を覆っており、北衙は南衙に附属する存在に過ぎないと考えられていたからである。

　しかしながら、府兵制によって召集された農民出身の兵士がどれほど精強な軍事力たりえたのかという問題は、これまでもたびたび取り上げられてきた。その議論は次第に、府兵制は平時の国内軍備を担うための体制であって、戦時の主力は府兵ではないという方向に収斂されてゆく。唐代前期においては、平時と戦時とで軍隊を組織する方法が異なっており、出征の際には兵募（臨時徴発兵）・府兵・蕃兵を組み合わせた「行軍」編成が行われ、遠征が終わると解散するというかたちが普通であった[3]。

　上記の三兵種のうち対外遠征に最も力を発揮したのは、蕃兵と総称される唐に服属した北方遊牧民からなる騎馬軍団である。彼らは突厥第一可汗国の滅亡を機に唐に流れ込んだ移住者なので、唐朝創業時に設計された国家のシステムから「はみ出した」存在ともいえる。同様に、唐初の制度設計の枠外に存在していたのが、府兵制の陰に隠れてなおざりにされていた皇帝近衛兵、すなわち北衙であった。

　実のところ、唐の軍事力の本質は、府兵制の枠外に設けられた兵力が国家運営の中枢をなしていた点にある。本稿ではこの点に着目して、唐の国家にとってはイレギュラーな形で登場した北衙と蕃兵のありさまを追いかけてみたい。この二つは一見、無関係に見えて密接に関わっており、その接点を追究すれば、唐がその前半期に築いた帝国的支配体制の構造と崩壊の理由が明らかになるばかりか、唐を揺るがした安史の乱の原因にさえも明確な解答を提示することができるのである[4]。

3　菊池英夫「唐代兵募の性格と名称について」（『史淵』67・68、1955 年、pp.75-98）、同「府兵制度の展開」（『岩波講座世界歴史 5』岩波書店、1970 年、pp.407-439）、孫継民「唐代行軍制度的兵員構成」（『唐代行軍制度研究（増訂本）』中国社会科学出版社、2018 年、pp.56-99）。
4　本稿は拙稿「唐代前期における北衙禁軍の展開と宮廷政変」・「唐代前期における蕃将の形態と北衙禁軍の推移」（林美希『唐代前期北衙禁軍研究』汲古書院、2020 年所収）での考察を簡略化し再構成したものである。紙幅の都合上、先行研究や具体的な史料への言及は最小限に留めざるをえなかった。詳細は拙著を確認されたい。

1．宮廷政変と北衙の伸張

（1）唐代前期の政治史の特徴

　唐代前期といえば、貞観の治や開元の治で知られるように、国力が充実し安定していたという印象があろう。それは決して誤りではないが、当該期の政治史を宮廷政治という角度から見ると、初代皇帝高祖から太宗・高宗、間に武則天の周王朝を挟んで中宗・睿宗・玄宗と続く百数十年間、中央政界は常に揺れ動いていた。その原因は皇位継承をめぐる抗争にあった。高祖から玄宗までの七代の間に起きた六度の政変は、そのすべてが皇帝の後継者争いに起因するという共通点を持つ。皇帝が政変によって交代するという現象が、この時期の大きな特徴のひとつなのである[5]。

　唐代前期の宮廷政変といえば、太宗李世民が兄弟を玄武門で殺害し、高祖を退位に追い込んで即位した玄武門の変（政変A）がよく知られている。これ以外にもこの種の政変は、【表1】に示したとおり合計五回発生する。政変Aでは高祖と太宗が交代し、政変B（中宗廃位の変）では、高宗没後、息子の中宗を排して武則天が実権を掌握し、政変C（誅張易之兄弟の変）では年老いた武則天を退位させ中宗が復位する。政変D（李重俊の乱）では、皇太子李重俊と中宗が対立して皇太子が殺害され、政変E（誅韋后一派の変）では中宗を毒殺した韋后を殺害して睿宗が即位し、そして政変F（誅太平公主一派の変）では、睿宗の妹の太平公主と甥の玄宗が政権争いを繰り広げて太平公主が殺害され、睿宗が退位して玄宗が即位する。

皇　帝	高祖　太宗	高宗	武則天　中宗	睿宗　玄宗
羽林軍	左右屯営――左右羽林軍―――――――――――――――→			
龍武軍	百騎――――――――→千騎――→左右万騎―――→左右龍武軍			
政　変	A	B　C　D　E　F		

【表1】前期北衙の発展と宮廷政変

5　陳寅恪「政治革命及党派分野」（『陳寅恪集　隋唐制度淵源略論稿・唐代政治史述論稿』生活・読書・新知三聯書店、2001 年、pp.236-320）。

　それでは、これら政変と北衙はいかなる関係にあるのだろうか。実は北衙は五度の政変（政変B～F）で兵力として利用され、しかもそのことによって段階的に勢力を拡大してゆくのである。北衙の沿革については『通典』巻28、職官典10、左右羽林軍と左右龍武軍の条に、

　　　大唐の貞観十二年（638）、玄武門に左右屯営を置き、諸衛の将軍を以て之を領せしめ、その兵の名を飛騎と曰う。又た飛騎中に於いて才力驍捷にして射を善くする者を簡び、号して百騎と為し、遊幸に扈従すれば則ち五色の袍を衣て、六閑の馬に乗り、猛獣の衣韉を賜る。龍朔二年（662）、左右屯営を改めて左右羽林軍と為す[6]。

　　　永昌元年（689）、羽林百騎を改めて千騎と為す。景龍元年（707）、千騎を改めて万騎と為し、仍りて分かちて左右営と為す。開元二十六年（738）、羽林軍を析ちて左右龍武軍を置き、左右万騎の営を以てこれに隷せしむ[7]。

とあって、太宗の創設した左右屯営がやがて左右羽林軍に、そして左右屯営／羽林軍からの選抜部隊であった百騎が千騎・万騎と改称されて左右龍武軍となる過程を看取することができる。この部隊拡大のタイミングが、宮廷政変の勃発と符合するのであり、北衙は政変に利用されたのち新政権によって拡張されるというパターンで発展を繰り返す。北衙を掌握した側が政変に勝利を収めるというのがセオリーであった。

（2）北衙内部の競合関係

　しかし、政変を企てる者にとって北衙はいつでも動員できたわけではない。宮廷政変は、クーデタ側が北衙を動かすために十分な条件を整える一方で、北衙の側にも加担するだけの利があると判断された場合にこそ起こりえるものであったからである。

　ここで今一度想起したいのは、北衙とは二種類の兵士から構成される軍事集団で、左右屯営から左右羽林軍へ発展する系統と、百騎・千騎・万騎と拡大して左右龍武軍となる系統があるという点である。前掲『通典』に

6　『通典』巻28、職官典10、左右羽林軍、中華書局版、p.791。
7　『通典』巻28、職官典10、左右龍武軍、p.792。

も言及されているように、実はこの二集団は別個の役割を担っていた。左右羽林軍と左右龍武軍とは同じく近衛兵ではあるものの、宮城北辺の防御に任務の力点を置く左右羽林軍と皇帝行幸の際にその身辺の警護にあたる左右龍武軍のように、職務に区別があった。しかも龍武軍は百騎・千騎・万騎と呼ばれていた時代には、羽林軍の所属という形こそとってはいたが時に独立して活動した。この羽林軍と龍武軍のライバル関係が宮廷政変に影響を及ぼしたのである。つまり、政変では北衙を掌握した側が勝利するといっても、単に北衙を手中にしただけでは不十分で、北衙の内部で優位にあった部隊、すなわち少しずつ台頭してくる龍武軍を掌握できるかどうかに政変の勝敗がかかっていた、と見なくてはならない。

　さて、唐代前期の北衙はこのようにして宮廷政変との関係を背景に組織を拡大させていくわけであるが、北衙の性質を大きく特徴づける要素として無視できないのが、「蕃将」の存在である。北衙には常に一定数の蕃将が所属しているのである。これにはいったいいかなる意味があり、唐の統治のありかたとどのように関係しているのだろうか。

2．蕃将と北衙の盛衰

（1）太宗期——北衙蕃将の誕生
　唐の領域拡大によって北方・西方の遊牧系部族集団が唐の支配下に入ると、彼らは国境地帯に設置された羈縻州に部族ごとに居住することを許可された。その一方で、各部落の酋長は将軍等の武官職を与えられて都で皇帝に近侍し、遠征の際には自らの部落民を率いて出征する生活を送った。このように、唐に服属したのちに唐の軍事力の一翼を担った非漢族出身の将軍たちを蕃将と称する[8]。唐は、この蕃将が率いる遊牧民を自国の軍事力として使役する体制を確立したがゆえに、対外的に軍事的優位を保つこと

8　蕃将についての代表的な研究としては、陳寅恪「論唐代之蕃将与府兵」（『陳寅恪集　金明館叢稿初編』生活・読書・新知三聯書店、2001年、pp.296-310）、章群『唐代蕃将研究』（台湾・聯経出版事業公司、1986年）、同『唐代蕃将研究（続編）』（台湾・聯経出版事業公司、1990年）、谷口哲也「唐代前半期の蕃将」（『史朋』9、1987年、pp.1-24）、馬馳『唐代蕃将』（三秦出版社、2011年）などがある。

ができたといってよい。

　また蕃将には多くの場合、禁軍（南衙・北衙）の将軍号が授与された。とはいえ、彼らが実際に指揮するのは自分の部落の兵であるから、蕃将が南衙将軍の肩書きを帯びていても府兵を統率するという意味ではなく、いわば名目なのであるが、蕃将が禁軍の将軍号を帯びることにいかなる意味があるのかはこれまで明確ではなかった。ところが、北衙の構造を踏まえてこの現象を再検討すると、実はこの措置には戦略的な意図があり、しかも北衙がある種の「要石」であったことが浮かび上がって来るのである。

　唐王朝にとって、強力な遊牧騎馬集団をそっくり自国の軍事力として利用するためには、それを率いる「頭目」たち、つまり蕃将との紐帯を緊密に保つ必要がある。北方の遊牧系諸部族にとっては、忠誠とは王朝にではなく王個人に捧げるものであった。したがって蕃将たちとしては、自分は唐にというより太宗個人に忠誠を誓っているという心持ちでおり、これは皇帝の代替わりに伴って自動的に更新される関係ではない。そしてそのような慣習のなかに生きる蕃将にとって、彼らの価値観では最も喜ばしく、彼らの献身に応えた皇帝からの信頼の証左といえば、皇帝の私的な側近武官に任命されることであった。

　そこで太宗は、このような遊牧民の意識に十分配慮して、自らと蕃将たちとの間に私的な信頼関係を築くよう努めた。さらに、各部族長が統率する兵力の多寡を勘案し、特に勢力の強い蕃将を太宗の武官のうち最も側近である北衙将軍に任命した。とりわけ北衙に任じた蕃将については、そのことによって皇帝と蕃将との私的な結びつきを内外にアピールし、関係性を強固にすることで彼らをコントロールしたいという思惑があったと考えられる。要するに、蕃将に授与される北衙将軍の称号は、蕃将を唐朝廷に引きつけておくための勲章であり、同時に、蕃将を唐朝廷につないでおくための鎖の役割を果たしていたのである。

(2) 玄宗期——節度使の登場

　こうしてかたち作られた羈縻支配を背景に遊牧騎馬軍団を動員する体制は、その後の唐の版図拡大に表れているように大きな効果をあげたため、これが機能している間は唐は強大であった。けれども、時代とともに蕃将

を取り巻く状況が変化すると、この体制は機能不全に陥り、蕃将のありかたも大きく変貌する。そこには次に述べるような、対外的な事情の変化と国内での体制の変化という二つの要因が関係していた。

　高宗末期に、それまで羈縻支配を受けていた突厥遺民が独立を回復し、突厥第二可汗国が成立すると、北方遊牧民の多くが唐から離反して北方へと戻った。以降、領土拡大路線であった唐は、武力侵攻から辺境防衛へと政策の転換を余儀なくされる。唐将として出陣する蕃将も相対的に減少し、特に、蕃将の要ともいうべき突厥系の将軍たちが大幅に減少したのは手痛い打撃であった。突厥第二可汗国は唐の脅威となり、その活動が活発化したことで各部族が自立の動きを見せ始めた。辺境支配が「羈縻」という方法では立ちゆかなくなった唐王朝は、それに代わる新たな辺境防衛策として節度使を新設した。節度使とは、玄宗初期に登場した辺境を広域に統轄する軍事職で、当初は官界出世ポストのひとつと目された。

　ところが、玄宗の中頃に李林甫が宰相になると、彼は玄宗に次のような献策を行った。『資治通鑑』巻216、唐紀32、天宝6載12月条に、

　　唐の興りて自り以来、辺帥皆忠厚の名臣を用い、久しく任ぜず、遥領せず、兼統せず、功名の著しき者は往々にして入りて宰相と為る。それ四夷の将、才略は阿史那社爾・契苾何力の如きと雖も猶お大将の任を専らにせず、皆な大臣を以て使と為し以て之を制す。開元中に及び、天子四夷を呑するの志有りて、辺将と為る者は十余年易えず、始めて久しく任ず。皇子は則ち慶・忠の諸王、宰相は則ち蕭嵩・牛仙客、始めて遥領す。蓋し嘉運・王忠嗣は数道を専制し、始めて兼統す。李林甫、辺帥入相の路を杜がんと欲し、胡人の書を知らざるを以て、乃ち奏して言う「文臣は将と為るも矢石に当たるを怯るれば、寒畯の胡人を用いるに若かず。胡人は則ち勇決にして戦に習い、寒族は則ち孤立して党無し。陛下誠に恩を以てその心を洽（やわ）ぐれば、彼は必ず能く朝廷の為に死を尽くさん」と。上その言を悦び、始めて安禄山を用う。ここに至りて、諸道の節度は尽く胡人を用い、精兵は咸な北辺を戍り、天下の勢は偏重し、卒に禄山をして天下を傾覆せしめたるは、皆な林甫の

寵を専らにし位を固むるの謀より出づるなり[9]。

とあるのが詳しい。この記事の内容は大きく二つに分かれており、前半部分では、太宗期と玄宗期との状況を対比しつつ蕃将の変化が描写される。続く後半部分では、ライバルを蹴落としたいがための李林甫の甘言と、それを鵜呑みにした玄宗が蕃将ばかりを節度使に起用した結果、辺境経営が破綻し安史の乱を招来したことが語られる。確かに、李林甫の提議に端を発した玄宗の安易な決断は、唐王朝にとって非常に危うい事態を招いた。それは、蕃将を節度使にすることで彼らを地方に放逐し中央との関係を希薄にしただけでなく、彼らが強大な兵力を抱えたまま辺境に長期にわたって逗留することを常態化してしまったからである。

(3) 羽林軍の凋落

　以上が辺境情勢の影響を受けた蕃将の変化だとするならば、それに加えて蕃将の変質に拍車をかけたのが、北衙という組織の変化であった。前掲【表1】に示したように、北衙は玄武門の変を機に発祥し、政変を経るごとに拡大するが、内部は羽林軍（本隊）とそこから選抜された龍武軍（別働隊）に分かれており、羽林軍に所属していた百騎・千騎が段階的に増員されて本隊から分化し、龍武軍に昇格するというのがそのあらましであった。唐代前期を通して顕著な発展を遂げたのは別働隊の方であり、本隊の十分の一にも満たない人数で誕生したのが、最終的に龍武軍と称される頃には羽林軍とほぼ同規模にまで成長していた[10]。

　しかしながら、政変を繰り返すなかで龍武軍が力を得ていく現象は、本隊すなわち羽林軍の形骸化と表裏一体であった。羽林軍は、龍武軍の隆盛と反比例するようにして衰退する。特に玄宗が龍武軍と親王時代から親交を深め、即位後には自らの親軍として厚遇したこともあいまって、かつての羽林軍の栄華は見る影もなく、そしてその羽林軍の凋落は蕃将の待遇にも深刻な影響を及ぼした。北衙蕃将といえば、多くが羽林軍に所属していたからである。北衙に期待された「蕃将と皇帝とをつなぎ、そのことによっ

9　『資治通鑑』巻216、唐紀32、玄宗天宝6載12月条、中華書局標点本、pp.6888-6889。
10　『唐会要』巻72、京城諸軍、羽林軍、上海古籍出版社版、p.1531。

て配下の異民族騎馬軍団を制御する」という役割は、羽林軍の威光と存在感が相対的に低下するにつれて、次第に消失していった。

　それでは、これら二つの要因が相乗効果を発揮した結果、玄宗期の皇帝と蕃将との関係性は太宗期と比較してどのように変わったのだろうか。まず、この時期の主だった蕃将は、節度使や配下の部将として地方に長期滞在し辺境防衛の任にあたっている。彼らは、太宗期の蕃将のように中央と地方を状況に応じて往来することはなく、基本的に任地に駐屯したままである。節度使は皇帝直轄の使職ではあるものの、蕃将の着任は、玄宗と蕃将との間の揺るがぬ信頼の結果というわけではない。

　また、太宗期の蕃将はたいてい各自が部落兵を従える部族長であったが、玄宗期の蕃将の大勢を占めていたのは、非漢族出身ではあるが、部落兵のような血縁的な支持基盤があるというよりは、武功をあげて単身で出世した者たちであった。彼らは節度使に就任したのち、現地で種々雑多な蕃兵を複合的にまとめあげ、擬制的仮父子関係を結んだり親衛隊として引き立てたりして個人的な君臣関係を築きながら独自の基盤を固める。したがって蕃兵たちは、玄宗ではなく蕃将個人と親分子分の関係を築くのである。こうして、蕃将にも蕃兵に対しても、次第に中央政府の監視が届きにくくなる状況ができあがってゆく。

　一方で、北衙に所属する蕃将はどう変わったのだろうか。玄宗の時代、羽林軍にも龍武軍にも蕃将は存在した。けれども突厥第二可汗国の勃興以降、揺れ動く辺境情勢のなかにあって、北衙将軍号を持つ蕃将は、蕃将全体がそうであるのと同様に、部族長から非漢族にルーツを持つ一個人へと移り変わってゆく。やがて中央政界は羽林軍を媒介に蕃将と配下の遊牧騎馬集団を統御する必要性と重要性を忘れ、警戒を怠るようになってしまった。その結果、太宗期には蕃将を介して中央から制御しえた辺境の異民族軍団は、玄宗期にはその制御装置を失ったことでまったくコントロールできなくなった。その代わりに、辺境の軍事力を動かす手綱は節度使の手ひとつに委ねられていたのであった。そのような中央に吸い上げられることのないままくすぶっていた辺境のエネルギーが、それぞれ自立し始めた時に勃発するのが安史の乱である。

　安史の乱というのはこれまで、安禄山と玄宗を取り巻く人間関係や中央

政界の政治抗争、あるいは国内の地域的対立などの問題が原因であると考えられており、とかく唐という王朝の内乱として解釈されがちであった。けれどもこの未曽有の戦乱は、唐初以来の異民族統治問題の矛盾が爆発した現象であり、八世紀の唐とそれをと取り巻く対外情勢のなかで考えなくてはならない問題なのである。

おわりに

　以上、述べてきたことをまとめると、

①本稿では、北衙と蕃兵という唐の王朝創業時には正規の軍事力としては想定されていなかった存在に注目した。北衙とは、太宗によって創設された皇帝近衛兵で、その後、繰り返される宮廷政変に利用され、利用されるごとに発展拡大するというパターンを持つ。北衙内部は羽林軍と龍武軍という二つの部隊に分かれており、徐々に台頭する後者をどう指揮するかに政変の勝敗がかかっていた。

②この北衙を蕃兵との関係で見てみると、北衙は、唐が北方の遊牧系諸部族に対する「羈縻」を、ひいては帝国を維持するために置かれた要石のひとつでもあった。太宗期以来、唐は北衙を媒介として皇帝と蕃将および配下の蕃兵との紐帯を保ち、遊牧騎馬兵を動員するシステムを作り上げた。北衙職は皇帝の蕃将への信頼を示すバロメータであるとともに、蕃将が率いる地方の部落兵を中央に吸い上げる役割も担っていた。

③ところが、対外情勢と連動する蕃将の変容と北衙羽林軍の求心性の低下という二つの要因によって、北衙は従前の役割を果たしえなくなり、蕃将と中央との関係性は希薄になってゆく。中央政界から排除された蕃将たちは辺境で節度使として蕃兵を統率することになり、地方の軍事力は節度使に集約された。そして蕃兵の軍事力が辺境で自立しはじめ、中央からそれを制御できなくなったという状況が、安史の乱を生み出したと考えられる。

のごとくになろう。

〈この分野を学ぶための基礎文献〉
布目潮渢・栗原益男『隋唐帝国』（講談社、1997年）
藤善真澄『安禄山　皇帝の座をうかがった男』（中央公論新社、2000年）
室永芳三『大都長安』（教育社、1982年）

「生成」する者としての人間
—貝原益軒（1630 - 1714）の思想をもとに—

田畑真美

1．はじめに

　日本思想において「生成」[1]という概念がその柱の一つであることは、容易に推察できる。「生成」とは、端的にはものを生じ、養う働きのことである。それはたとえば、古代中世においては密教における大日如来を中心とする生命に満ち満ちた世界観や、謡曲における「草木国土悉皆成仏」の発想等に見いだすことができる。近世に目を移すと、国学思想、特に平田国学において、世界や人間の根源において生成の働きをなし、各々の存在を根底で支えるものとしてムスビノカミが重要視されている。また、儒学思想においては伊藤仁斎が提示する「生成」を根底に置く世界観も存する。

　「生成」概念は、世界や万物の成り立ち等といった世界の枠組みを語る場面のみならず、そこに生きる人間存在のありようを示す場面においても語られる。すなわちそれは、人間存在はいかにあるべきかというような、人間存在を規定する概念としても重要である。

　本稿ではそうした人間存在を規定する概念としての「生成」に焦点を当てる。主な素材を江戸前期の儒学者貝原益軒（1630-1714）の思想に求め、「生成」する者としての人間存在のありようを明らかにしていく。

2．「天地」と人間存在との関係—「恩」・「孝」—

　まず益軒は、人間存在を「天地」との関係において規定する。「人となるものは天地を以て大父母と」（『大和俗訓』巻之一 p.46）[2]するというように、

1　「生成」は「生生」「生々」とも表記し、各テキストに照らせばそれらの表記の方が厳密には正確である。ここでは、特に「生じて成す」の「成す」という主体的な働きに注目するため、「生成」という表記に統一する。

2　石川謙校訂『大和俗訓』岩波文庫 1938。『大和俗訓』からの引用は同書による。

益軒は擬似親子の関係が両者の間に存すると考える。そしてこの関係の規定が、人間存在のあるべきありようをも方向付ける。というのは関係が語られると同時に、その関係を十全に成り立たせるありようが要請されるからである。「天を父とし、地を母として、かぎりなき天地の大恩を受け」（同p.44）る人間は、通常の親子関係において子が親に限りない恩を受け、それに報いることが「孝」の実践として要請されるように、根源的な父母としての「天地」の「恩」に報いる生き方が要請されるのである。益軒は言う。「この世に生れては、つねに天地につかへ奉り、いかにもして天地の恩をむくいんことを思ふべし」（同p.46）。この「べし」という語からも明白なように、人間存在にとって「天地」は、みずからの存在根拠であると同時に、その「当為」の根拠、換言すれば倫理的根拠なのである。

　ところで「天地」とはどのような存在なのか。「恩」ないしは「孝」により人間存在と緊密に結びつくという観点からすればそれは、人格的なものとして捉えることができる。実際益軒は、「天」を「理」として捉える同時代の朱子学者林羅山[3]ほどには、抽象度の高い捉え方はしていない。だが「天地」を人間存在にとっての大父母とする発想を共有してはいるものの、その究極に根源神として人格神的な存在を想定する中江藤樹[4]ほどには、「天地」に宗教的な要素を見いだしてはいない。一方で、益軒はその著書『大疑録』において「天地」を人間がその内部に住み、生を展開するところの世界であるともしている。だが重要なのは、益軒があくまで「天地」と人間存在との関係に親和性を見出している点である。そして先取りになるが、その親和性が専ら、人間存在が「天地」から「生成」の力を分け与えられているということによって語られる点が非常に重要である。さしあたり「天地」は、人格的な要素を帯びつつ、「生成」の働きにおいて人間存在を根底から支えるものと規定しておく。

　この点を踏まえつつ改めて、人間存在が「天地」から受ける「恩」について考えてみる。端的に言えば、人間存在は「天地」から万物の中で最も

3　林羅山『春鑑抄』参照。「天地」の「生成」を人間が付与されるという点では益軒と考えを同じくするが、内なる「天理」＝「性」を磨くという観点が強い。

4　中江藤樹『翁問答』などを参照。究極的な根源神と人間との親子関係を説くが、根源神との神秘的な一体化を説く点が、益軒と異なる。

尊ばれ、愛されている存在であった。益軒は『書経』の「天地は万物の父母、人は万物の霊なり」という文言に基づき、人間存在が万物のなかで最も優れたものとして生みだされているとする[5]。その優秀さ及び尊さは、「天地の正気」すなわち「天地之心」を受け持つことによる。この内実については次章で詳述するが、「心」に「五性」（仁義礼智信）を備え、「身」に「五倫」を備える点等をはじめとして、同じく「天地」から生まれている万物と人間存在とを分かつ諸性質が人間を人間存在たらしめている。「人となりて、かかるたふとき身を得たること、まことに天地の間の大なる幸を得たるなり」（同 p.48）とあるように、卓越した優秀さと尊さは「天地」から贈られた幸いであり、存在それ自体がそれとして祝されているとも解釈できる。そうした大なる「幸」を与えられるほどに、人間存在は「天地」から最も愛されている。この大いなる愛が「恩」の内実にほかならない。

　さらに益軒は、人間存在が「天地」から特に愛されている証拠として、人間として生まれることの難しさ[6]と養いの度合いの大きさを挙げる。特に後者については、禽獣や草木の命が他の物の用に供されるのに対し、人間はそうではないとする。「天地の禽獣を養ふことは、人を養ひたまふ百分が一にもあらず。其の上、禽獣は人に殺されて食となり草木はきられて用となる。然れば、人の万物より貴くして、天地のあつきめぐみをうくること思ひしるべし」（同巻之三 p.89）とあり、その受ける恵みが万物の中で突出していることは一層明らかである。

　以上、人間存在が「天地」から特に愛されている優秀かつ貴い存在であることを確認した。これを踏まえ、今一度「天地」が人間に付与するものを整理しておく。まず「天地」はその存在そのもの、すなわちいのちを与えている。「生れた」（同巻之一 p.46）ことそのものが恵みなのである。また「天地」は、食物、衣服、居所、器物や薬等、いのちを養い育てるのに必要な諸々の物をも与える[7]。つまり「天地」は、人間の「生」そのものをあらゆる面で支えていると言える。

5　『大和俗訓』巻之一 p.44

6　『大和俗訓』巻之一 p.48　益軒は、人として生まれることの困難もさることながら、数の少なさがその存在の尊さと呼応すると考えている。

7　同巻之三 p.89

もう一つ重要なのは、前述した「天地之心」である。これは人間を人間たらしめる、人間としてのあるべきあり方を規定している。この実践がすなわち「天地」の「恩」に報いる生き方であり、「人の道」の実現でもある。人間存在は、「恩」に報いるための資質をも、あらかじめ「天地」から与えられていると言える。

3.「天地之心」と人間存在の働き

　では「天地之心」とはどのようなものか。「天地之心」とは端的には「生の理」（同巻之三 p.92）[8]であり、万物を生み育てる恵みのことである。天地はものを憐れんで生かすことを好み、殺すことを嫌う。このものを生かし養う性質を、人間存在は「仁」として受け持つ。益軒は「仁」を「人物をあはれみ愛する心」（同）、「人をあわれみ、物を育つる善心」（同 p.91）であると説明する。「仁」とは「天地」が生み養う存在すべてを尊重し、大切にすることであると言える。その根底には「もとは一気なれば、同類の思ひをなし」（同 p.98）というように、全ての存在は「天地」を同根とするという考えが存する。つまり「天地」が生み育てる全てを愛し、その存続と成長に与することが「仁」なのである。それは「天地」の営為を担い、体現するということにほかならない。

　とはいえ益軒は、「仁」には次第があるという。そもそも益軒は、「仁」を「義」・「礼」・「智」・「信」の「性」の働きを包含し、それらを統べるものとして捉えていた。「義」は適切さ、「礼」は敬い、「智」は物事を明らかに把捉すること、「信」はいつわりなきことである。「仁」とはただ単に愛することではなく、これらの働きをも含み込んだ総合的な働きである。つまり、偽りなき姿勢で、対象を正しく把捉し、適切に尊重し、愛すること、これが真に愛するということなのである。ここから、人すなわち「人倫」と人間以外の生き物の愛し方、及び人間を愛する際のしかるべき順序という発想が導き出される。前者についてはまず「人倫」を愛し、次に禽獣、

8　「天地の大徳を生といふ」（『易経』）に基づく考え方であり、この理解は儒学において広く共有されている。

虫魚、草木という順序が存する。また後者については、父母兄弟及び、父母と等しいとされる主君から始まり、親類臣下朋友、万民を愛するという順序がある。これらは「軽重親疎」の秩序に基づく愛し方である[9]。この秩序を踏まえない愛し方は、正しいとは言えないのである。

　また、正しい愛し方という観点からは、以下のことも指摘できる。人間をはじめとして禽獣や草木のいのちをみだりに奪うことは「不仁」であり、「不孝」にほかならなかった（同p.93）。しかしながら、たとえば鳥獣が五穀を損ない人に害をもたらすというような、然るべき道理がある場合にはそうせざるを得ない[10]。益軒は無条件にいのちを尊重するのではなく、そうすべき道理に沿った上で尊重することを主張している。なおこの場合の道理とは、社会の調和や秩序を守るということを意味していると言える。

　さらに益軒は、正しい愛し方について次のように述べる。「己を愛する心を以て人を愛す。是れ仁なり。人の心なり。禽獣は、おのが身を愛することのみしりて、物を愛せず」（同p.94）。益軒は、人間存在と禽獣との差異を、己のように人を愛せるか否かに見いだす。換言すればそれは、「仁」を実践できるか否かということでもある。禽獣は己を愛することしか知らないが、人間は己以外の存在を愛することを知っている。人間を人間たらしめているのは「人我のへだて」なく「人我をわすれてわかたざる」（以上、同）仕方で、人を愛せることであった。それは「私」をなくして「公」に徹することでもあるとも言える。むろん、この場合の愛の対象は「人倫」に限られているが、人間が人間としての同胞を「私」なく愛するという「公」の実践こそが、人間にとって相応しいあり方なのである。

　この愛し方はしかし、人間として生まれたからといって無条件に修得ないしは成就できるものではない。自己中心的に、己しか愛せない禽獣さながらの状態に堕しないために、人間には日々の鍛錬が必要となる。益軒は具体的な鍛錬として「恕」を挙げる。これは己の心に即して人が嫌うことを推察し、それを行わないことである。これは「私」＝「人欲」を抑制し、「仁」を発揮していくための修練であると言える。

9　『大和俗訓』巻之三 p.93。「人物を愛するに、親しきよりうときときに及び、重きよりかろきにいたるべし。軽重親疎の差別なく、平等に愛するは義にあらず」（同）
10　『五常訓』巻之二 p.109 参照。

以上「天地之心」は、人間存在と禽獣とを分かち、人間に人間存在としての働きをなさしめるものであった。人間は「天地之心」として受け持った「仁」を実践し、人や物を然るべき形で愛し、生み養い育てる存在である。「天地」の「生成」を請け負い体現していくこと。それがまさしく、人間存在に対して課されている働きなのである。しかし、それを実践していくことは難しく、日々の修練が必要となる。また、人間自身がその働きを自覚して行うことも不可欠である。それゆえに益軒は、修養（学び）と心身の養生の必要性を指摘する。人間存在は人倫をはじめとした万物の「生」に対して、責任を持つ。益軒は「人の職分」（同巻之一 p.47）という語も使用する。その「職分」を果たすために、人間存在は自らの存在を心身ともに十全な形に成長させる義務があるのである。次章では、その義務の遂行のための修養（学び）と心身の養生について考察する。

４．修養（学び）と心身の養生

　修養（学び）と心身の養生の必要性の根底にあるのは、一回性としての人間存在という認識である。前にも見たように益軒は、人間存在に生まれることの難しさを指摘している。加えて仏教的世界観を忌避する益軒は、輪廻転生の考えを採らない。一度きりの人間存在の「生」を無駄にしないことを、益軒は強調する。「人と生れてまなばざれば、人の道をしらずして、人と生れたるかひなし。人と生まれて学ばざれば、生れざると同じきなり」（巻之一 p.50）というように、人間にとって学びという修養は、必然的な営為であった。

　学びとは「人の道」を学ぶことであるが、益軒はこれを単なる知的営為とは捉えていない。「道をしれらば必ず行はずんばあるべからず」（同）というように、それは実践につながるものでなければならなかった。経書によって聖人の教えや賢人の説を学ぶほか、「人欲」を統制し、「天地之心」を最大限に発揮できるように心を整える。自己の心と行為を治め、自己が関わる様々な共同体を整えていく。そして、万事万物を整え管理するため

に、それらについての理を究める[11]。そうした知と実践双方に渡る自己修養は『大学』をベースとする朱子学的なものであるが、益軒においては上に立つ者のみならずすべての人間存在に開かれた、自己を生かし、また他者を生かす者となるための修養であると位置付けられている。

　次に、心身の養生について考察する。益軒の養生を巡る考えは，その最晩年の著書『養生訓』に詳しい。本書は漢方医学に基づき、長生きするために必要な方法を説くもので、現代でもよく読まれているが、人間はいかに生きるべきかについても説く人生論の性格も併せ持つ。ここでも養生は、一生涯にわたり続けられるべきものとして語られる。また先に触れた学び同様、できるだけ早いうちから着手していくことが重要とされている。

　養生の対象は、心身まるごとすなわち人間存在そのもの全てである。健やかな心身が保証されなければ、「天地之心」を実践することはできない。実は長生きもそのために必要なのである。注目すべきことは、益軒がその存在を自身のみのものではなく父母、ひいては「天地」のものであるとする点である。「人の身は父母を本とし、天地を初とす。天地父母のめぐみを受けて生れ、又養われたるわが身なれば、わが私の物にあらず。天地のみたまもの（御賜物）、父母の残せる身なれば、つつしんでよく養いて、そこないやぶらず、天年を長く保つべし。是天地父母につかえ奉る孝の本也。身を失いては、仕うべきようなし」（『養生訓』巻第一総論p.24）というように、自己という存在は自分1人のものではない。このことは、一層大きな責任を人間に課すことにもなる。父母及び「天地」からいただいた自己という存在を大切に扱い、その最大限の成就を目指す必要がある。養生の成功は長寿として結実するが、むろんそれは単なる長寿ではない。人や物を生かすありようを最大限に実現することである。

　また益軒は、人間と「天地」との連続性にも注目する。「人の元気は、もと是天地の万物を生ずる気なり。是人身の根本なり」（同p.27）というように、養生の具体的な方法を「元気」を養うことにあるとする。人間が自身

11　『大和俗訓』巻之一 p.59,p.67 参照。なお益軒は『和俗童子訓』において、幼少期からの発達段階に応じた学びの手順を論じている。つまり「人の道」を学ぶための周到な準備について説く。またここでは早めに学びにとりかかる必要性も指摘されている。このことからも、学びは一生涯にわたるものであると言える。

に内在し、自身を生かす「元気」を意識し養うことは、「元気」を通して「天地」と連なるものとしての自己のあり方を実感を持って受け止めることを意味する。自分がまさに「元気」によって生かされていることを知り、「元気」という「天地」と真摯に向き合うこと、そのあり方こそが自己という存在を大切にすることにほかならないのである。

　このような自己と「天地」との連なりの自覚は、人間を必然的に自己の成長へと向かわせる。ここでもう一つ重要なのは、そうした生き方が先に触れたような単なる義務や責任といった人間を縛る窮屈なものではなく、むしろ逆に生き生きとした楽に満ちた生[12]を指し示すものであるということである。もっと言えばその楽に満ちた生を人間が生きることが、「天地」の望みにほかならないのである。むろんこの楽は、欲しいままに欲望を満たすような、「私」に徹した快楽ではない。「天地」からの賜物を享受し生かすところから味わえる真の楽である。人間の生は「たのしみ」（『大和俗訓』巻之一 p.49）そのものであり、自らの生を「たのしみて」生きるのが、人間の本来の生き方である。益軒はそう考える。上記の自己修養と心身の養生も「たのしみて」生きることにほかならない。そしてそれが、「天地」の愛に対する正しい応答でもあるのである。

5．まとめと課題―「生成」する者としての人間―

　以上、貝原益軒の思想を通して浮かび上がる人間像を確認してきた。人間存在は自己を生かし、他者としての人間存在及び万物をも生かす存在であった。それは、「天地」と並び立つ「人」[13]として、生じ養うといったダイナミックな「生成」の営為を繰り広げる世界に主体的に参与するありかたであった。その意味で、「生成」する者としての人間存在の規定は、けっして的外れではない。むしろ、その特性を積極的に活かした規定である。

　さらに重要なことは、「生成」する者としての人間の自覚を持つことが、

12　益軒の考える「楽」についてはその著『楽訓』に詳しい。益軒における「楽」の考え方については拙稿「貝原益軒における「楽」について」『富山大学人文学部紀要』第35号 2001 参照。
13　「天地人」を「三才」として、「人」を「天地」と並び立つ者と考える発想が儒教思想には存する。「三才」はおのおの踏むべき「道」があるとされる。

益軒において再三強調されていたことである。自己は一体どのような存在なのか、「天地」とどのような関わりを持ってここにあるのかという自覚を通し、父母兄弟や友人、君臣関係等自らが形成する共同体の中で出会う他者に対して自分がどうあるべきかを常に考え、実践していく。つまり「生成」に参与しそれを成就していく存在としての自己認識の上に立って、自覚的に自己を形成していく存在が人間に他ならないのである。それは、単なる所与を所与として受動的に受け止めるありかたとは真逆である。自己はいかに生きるべきか、他者とともにいかにあるべきか、他者とともにある世界をいかに成就していくかを自覚的に問いかけていく作業、その問いと向き合い続ける一生を紡いでいくことが人間の課題なのである。この観点から見れば、益軒の描く人間はまさに、倫理学の範疇にあるものであると言える[14]。

　最後に、益軒の思想から導き出される問題点と、現代に生きる我々の生との関連について提示することで、この小文を閉じたい。

　まず益軒の思想そのものが孕む問題点を三点挙げる。第一点は人間存在をはじめとする万物と、存在根拠としての「天地」との間が擬似親子関係の枠組みで考えられ、それが自明の価値を持つものとされていることである。親子というつながりに価値を見いだせない場合はそもそもの前提が崩れ去り、益軒の語る思想の普遍性が担保できなくなる。また、擬似親子関係に価値を置くとしても、その所与の関係を十全に果たすことが重視される危険性がある。この場合、所与の関係の充足が目的となり、人間存在が行うべき個々の行為そのものの価値が二の次になる可能性がある。とすると、益軒が重視した自覚や主体性の意味も希薄になってしまう。

　第二点として、益軒の思想全体を貫く人間中心主義的発想である。人間と禽獣とを徹底して区別する発想はともすれば、人間存在内部における差別に繋がる可能性がある。むろん、この考え方は一方で人間存在自体の尊厳を担保するものでもある。ただかりに人間存在に相応しい生き方が出来ない「小人」のような存在がいたとすれば、禽獣同然とされ、人間である

14　倫理を考える際、それが「自覚」されロゴス化されることが重要であることについては、和辻哲郎も『倫理学』や『日本倫理思想史』等で再三指摘している。

ことそのものの価値が認められない可能性が存するということである。

　第三点として、個が確立した近現代の価値観と照らしあわせたとき、自らの存在が自分ひとりのものではないという考え方をどう位置付けるかが問題である。この考え方は、自分のあり方や価値は自己単独では確立できず、関係性のただなかでこそ確立しうるという発想とつながる。関係性に根拠を置く考え方は、「間柄的存在」として人間を捉え、その中で展開する価値に重きを置く和辻倫理学の発想とも通じるが、関係性の中でのみ自己の価値が見いだされるということそのものの意味を、時代や社会的背景の制約を踏まえながらも、今一度、見直す必要があるだろう。

　以上、益軒の思想には魅力だけでなく様々な問題点も存する。となると、益軒のような価値観や社会背景が異なる時代の思想家と対話することに一体どんな意味があるかと疑問を抱く向きもあろう。だが、ここではそうした思想家との対話こそが、今ここに生きる我々にとって生きた糧になる、つまり大いに価値がある作業である、と言っておきたい。上記のような問題点はあるものの、益軒の思想は、人間存在そのものの持つ価値を肯定する点で人間の尊厳の発想ともつながりうる。これは生命を巡る倫理的な問題を考える際に、有効であろう。また、万物との関係について見ると、人間が人間以外の存在に対して持つ責任について、提示するものとも言える。この点では、環境倫理学、動物倫理学等と通じる可能性がある。現代の我々においては、思想の特殊性を踏まえつつ、人間存在として共有しうる問いをともに背負い、向き合っていく者として、過去の思想家と向き合う必要があり、その意義はことのほか大きいと考えられる。

参考文献

貝原益軒　石川謙校訂『大和俗訓』岩波文庫 1983

貝原益軒　石川謙校訂『養生訓　和俗童子訓』岩波文庫 1961

貝原益軒『五常訓』益軒会編纂『益軒全集』巻之二益軒全集刊行部 1911

この分野を学ぶための基礎的文献

苅部直『日本思想の名著30』筑摩書房 2018

末木文美士『日本の思想をよむ』角川文庫 2020

清水正之『日本思想全史』ちくま新書2014
和辻哲郎『日本倫理思想史(一)〜(四)』岩波文庫2011
和辻哲郎『倫理学（一）〜（四）』岩波文庫2007

第3章
朝鮮半島の分断が遺した問い

語られることと語られないこと
―テクスト化された脱北者の語り―

和田とも美

１．考察の対象とするテクスト

① クレイアニメ「탈북자 김혁」（脱北者キム・ヒョク）2012年
英文タイトル「a Purpleman」和文タイトル「パープルマン」

北朝鮮から脱出して2001年に韓国に入国したキム・ヒョク氏から聞き取り調査をした内容を、韓国の中央大学先端映像大学院キム・タクフン研究室がクレイアニメとして制作したもの。YouTube上に公開されている。

https://www.youtube.com/watch?v=gRdyV3nsCYE&list=PLg9UU7XIZfRaFjJRz0QT34GDf036RCzw7&index=25

② 日本語訳手記『自由を盗んだ少年』
金革（キム・ヒョク）著　金善和訳　太田出版　2017年

キム・ヒョク氏が、北朝鮮での生活や脱北過程を手記として韓国で出版した『소년 자유를 훔치다』（2013年）を、日本語訳版として出版したもの。

＜前提となる基礎知識＞
「脱北者」と、その推移

　北朝鮮から政治的弾圧や生活苦によって脱出し、韓国・日本・アメリカなどの定住地を求めて移動する人々を「脱北者」と呼ぶ。北朝鮮で大飢饉が長期化した1994年頃から急増した。韓国への入国者は2009年頃には年間約3000人に至った。2012年以降1000人台で推移していたが、2020年には229人、2021年には61人にまで減少した。

　2020年以降に入国した全員が、北朝鮮を脱出してから1年以上経過している。中国などで潜伏していた人々である。コロナ禍の始まりと同時に北朝鮮は国境を厳重に封鎖し、脱北の道も閉ざされた。同時に、北朝鮮の国境の外で潜伏中の脱北者たちも、それ以上の移動が不可能となった。

　脱北者の移動には、現地における救援者の存在が不可欠だが、救援者グループもまた、国境を越えた移動経路、連絡手段が遮断され、救援活動が不可能となっている。

「脱北者」の法的地位と、その救援
　脱北者は中国などでは「不法滞在者」と位置付けられている。摘発されれば北朝鮮に強制送還される。その救援活動は非合法活動とみなされる。初期には中国国内にかなりの数の救援シェルターが存在した。2008年の北京オリンピックを契機に取り締まりが強化され、現地シェルターの多くが壊滅状態となった。
　以降は、救援事案が発生するたびに救援者が入国し、脱北者と共に出国するという方法がとられている。何度も繰り返すと現地の当局の監視対象となる可能性が高い。救援者には非合法活動に耐えうる精神力・生死を分ける即座の判断力・現地での高い交渉力が必要となる。遠距離を移動可能な強靭な体力が必須条件であり、年齢的に活動可能な期間は限られる。
　救援者の背後には支援団体があり、全体の活動を統括する。かなりの数の支援団体が存在し、その多くは韓国の団体である。わずかではあるが日本やアメリカなどにも存在する。これまでに少なくとも3人の日本国籍救援者が、現地での救援活動によって当局に拘束され、日本に強制送還された。うち一人は現地で服役した。

２．テクスト分析①

クレイアニメ「탈북자 김혁」（脱北者キム・ヒョク）
作品全体の時間　約13分
内訳　北朝鮮での生活（主に収容所での場面）約3分20秒
　　　脱北過程　約55秒
　　　韓国での定着後の生活　約8分30秒

２－１．脱北過程はフィクション化または単純化される
　このクレイアニメにおいて脱北過程は、北朝鮮の収容所から出た後、本

人が一人でモンゴルの砂漠を延々と歩き続ける場面によって表現される。実際には一人で北朝鮮から中国との国境を越え、さらに中国とモンゴルの国境を越えることはできない。脱北ルートの確保には、充分な準備と、国外からの支援が不可欠になる。

　脱北者は脱北過程を語る間、特定の時間帯をフィクション化または単純化する。事実を語ることが、今後の脱北の道を閉ざすからである。脱北過程に同行したジャーナリストによるルポルタージュに、次のような場面がある。

> 　　延吉から出発して、最初の目的地は瀋陽。検問が厳しくない夜中に出発する夜行バスを選んだ。バスから降り、メモ帳を取りだして旅程を記録していると、宣教師が寄ってきてメモ帳を取り上げ、破り捨てた。
> 「わかってもらえませんか。やっと見つけた脱出ルートなんです。この子たちの脱出に成功したらこれから大勢の脱北者が利用することになります。もし、世間に知られるようなことになったら、同胞たちの小さな希望が一つ消えることになるんですよ。乱暴なことをして申し訳ないけど、許してください」
> 　　もっともな話だ。私は首を縦に振った。
> （李学俊著、澤田克己訳『天国の国境を越える』2013年29頁、下線引用者）

救援活動においては、脱出ルートの露出は、すなわちルートの破綻を意味する。一方で、脱北の過程はスリル有る物語として、エンターテイメントに供される。その需要に応えるためには、脱出ルートを思いきってドラマ化する。詳細に語られている場合、それは'偽装'でもある。

　このクレイアニメは販売用に制作されたものではないので、語り手が、語りたいままに語ったことを、作品化している。その結果、脱北過程のエンターテイメント化は行なわれていない。

２－２．活動中の救援者は隠される
　脱北者は現地における不法滞在者であり、脱北者の救援活動は非合法活動に該当する。現地の当局に捕捉された脱北者は、北朝鮮に強制送還され、

過酷な取り調べを受ける。救援者たちの素性がここで露出すると、その身辺の安全が脅かされる。救援者は、救援対象に、氏名を含め素性を明かさない。

　キムヒョク氏の手記には、クレイアニメでは明かさなかった、脱北過程を支援した団体について、もう少し書かれている。中国で潜伏しながら渡韓の機会を待っていた2001年頃の様子である。

　　　延辺朝鮮族自治州には脱北者の支援をおこなう韓国人のネットワークがいくつかあり、隠れ家の提供、脱出ルートの確保など、さまざまなサポートをしてくれていた。
　　　　　　　　（金革［キムヒョク］著、金善和訳『自由を盗んだ少年』p.10）

　　　その作業所が中国の公安に目を付けられたから別の場所に移動したほうがいいと忠告されたのだった。その後ぼくは延辺市の東新というところに移って、教会の助けを受けている脱北者としばらく生活し、瀋陽に移動した。そこでキリスト教の勉強をしながら、知り合った人の助けを受け、延吉からモンゴルへの命がけの脱出を試みることになるのである。(p.172)

この後、2008年の北京オリパラに向けて、中国国内での脱北者の取り締まりは苛烈になった。

2－3．語られる救援者
　脱北者の語りの中に救援者が姿を現す時、その救援者は救援活動から離れている。2009年にモンゴルルートを通って韓国へと入国した脱北者は、その手記に次のように書き込んでいる。

　　　青島の宣教会はその後まもなく閉鎖されたという。朝鮮族の女性と、私たちを国境まで案内してくれた漢族の男性は、逮捕されて中国の刑務所に入れられた。北朝鮮人による自由への脱出を助けた罪で。
（パク・ヨンミ著、満園真木訳『生きるための選択』辰巳出版2015年247頁）

この手記の著者は自分たちが、「青島の宣教会からモンゴルに送り出された最後の脱北者グループのひとつ」であったと語っている。モンゴルルートそのものも、モンゴル・中国・韓国間の関係の変化により、2008年頃から壊滅したと判断された。それ以後は東南アジアルートが一般的である。

　脱北過程について脱北者が具体的に語るのは、そのルートの壊滅後、またはフィクション化したものになる。

２−４．砂漠という表象

　このクレイアニメにおいて、北朝鮮の収容所−中国・モンゴル国境の砂漠−韓国と移り変わる時間は、わずか１分ほどに過ぎない。

　多くの脱北者は、北朝鮮を出てから韓国に入国するまでに、１年から10年という時間がかかる。その間脱北者は、大陸で不法滞在者として潜伏生活を続けながら、定住地へ移動する機会を待っている。不法滞在者が生活費と渡航費用を稼ぐのは、容易ではない。

　脱北者が韓国入国までにかかる費用は、東南アジアルートが主流になってから高騰し、2008年の段階で日本円でおよそ100万円にのぼる。途中、脱北ブローカーの働きが無ければ、通過できないところがあるためだ。(キム・ヨセフ著『ぼくは脱北YouTuber〜北朝鮮から命がけで日本に来た男』光文社2022年参照) 一般の北朝鮮の人民にとって、用意できる金額ではない。先に脱北して韓国に定着した親族がいれば、韓国で支給される定着金を送金してもらいこれに充当する。そうでない場合は、韓国に入国してから返済するという約束で、脱北ブローカーから借金をするか、大陸で潜伏しながら稼がねばならない。不法滞在者が稼ぐことのできる仕事は限られている。

　　北朝鮮の災害と飢餓は一気にひどくなっていたのだといいます。それに耐えかねて脱北した長女は、張弟さんの家に匿われてすぐに農家の嫁にならないか、と誘われたということでした。わたしと違って中国での後ろ盾がなく、送金してくれる人もいなかった長女は、とにかく早く安定した暮らしをと考え、その話に飛びついたのだそうです。

　　　　　　　　　(梁葉津子著『冷たい豆満江を渡って』ハート出版2021年)

大陸では脱北者は、あたかも自ら選択したかのように、嫁という人身売買の対象となる。性風俗より安定していると考えることも可能であろう。他に性風俗より安全とみなされる人身売買の一種として、アダルトライブチャットがある。

> 老板はマンションを何軒か借りて、そこにインターネット接続されたコンピュータを置いていた。老板の上には、瀋陽のアダルトチャット業界を仕切る総元締めがいて、ピラミッドの底辺にいるのが、ほかに生きるすべのない北朝鮮女性たちだった。女性たちは狭い部屋に寝起きし、昼も夜もなくオンラインでチャットする。客はほぼ全員が韓国人男性で、あちこちのサイトを検索してみて好みの女性を探し、気にいった相手と文字で会話したり、カメラで相手の姿を見たりするために時間単位で料金を払う。女性の多くがカメラの前で服をぬぐ。でも、なかには性的な会話をするだけで服をぬがない女性もいる。目的は、男性をなるべく長くチャットルームに引きとめ、できるだけたくさん課金すること。もちろん売上の多くは老板が持って行く。
>
> （パク・ヨンミ『生きるための選択』221頁）

こうして大陸での潜伏生活は長期化する。キム・ヒョク氏が語る砂漠は、クレイアニメにして1分ほどの時間に過ぎない。ただしその風景には、長期にわたって砂漠を歩き続けることと同様の時間を生きる、個々の脱北者の姿が隠されている。

3．テクスト分析②

日本語訳手記『自由を盗んだ少年』
金革（キム・ヒョク）著　金善和訳　太田出版　2017年

クレイアニメの元となったキム・ヒョク氏の語りは、手記として韓国でまず出版された。原書の構成は、前半部が北朝鮮での幼少期の回想、後半部が、キム・ヒョク氏が韓国の大学で作成した修士論文（김혁『북한의

꽃제비 연구:발생·유형·변화』서강대학교석사논문2012年）を元にした北朝鮮のストリートチルドレン研究となっている。日本語版では、後半の研究書的な部分は除かれている。

　クレイアニメで最も長い時間語られていたのは、韓国に来てからの生活だった。この部分は、商業ベースではほぼ除外される。韓国では、脱北者の韓国における生活には関心を示さない。といって、日本側が脱北者の定着後の生活に関心を示すと、むしろその人たちの韓国での生活に支障をもたらしかねない。日本に向かって韓国の不満を述べているように受け取られる可能性がある。

　韓国で最も関心をもたれる脱北者の語りの内容は、北朝鮮での生活である。特にキム・ヒョク氏のように、ストリートチルドレンとして、自らの命を自ら確保してきた生き様は、物語として需要がある。ただしキム・ヒョク氏は、北朝鮮における自分史を、物語として提供するに留まらなかった。北朝鮮のストリートチルドレン研究としての記述にも挑戦している。

　この研究書としての後半は、「日本の読者向けに大幅な編集」をした結果、日本語版では除外されたという。（「訳者あとがき」参照）その結果、日本語版テクストの構成は、次のようになった。

　北朝鮮での生い立ち（ストリートチルドレンとしての自分史）136頁
　脱北過程（クレイアニメよりやや詳細化）22頁
　韓国での生活（クレイアニメの割合より大幅縮小）11頁

最も短い韓国での生活の章では、その日常は次のように記述される。

　　ぼくの日課は、毎朝四時に起きることから始まった。アイスクリーム配送会社で早朝から倉庫の管理をする仕事をし、夕方六時からはコンピューター学校で一時間ほど勉強、その後、スーパーで段ボール箱をつぶして整理するアルバイト、最後にネットカフェで二時間働くと真夜中だった。倒れるように眠り、また早朝四時に目覚ましで起き、四時半には自転車で出勤するという強行軍は八カ月続いた。（176頁）

北朝鮮からの入国者は、資本主義社会に適応できないとよく批判される。社会主義国から来た者は、割当をこなすとそれ以上の働きはしないだろうという視線である。

　しかしここで記述される勤勉な生活は、そうした批判的な視線に抵抗する。さらにその勤勉な生活が、本人に何をもたらしたかが記述される。

　　だが、あるときぼくの頭の中で混乱が起きた。こんなに必死に働いて、受け取るお金が同じ仕事をしている韓国人の半分にしかならないという事実を知ったからだ。心は千々に乱れた。いったいぼくは何者なのか。
　　人間らしく生きたいと、故郷を捨ててやって来たこの国でもぼくは異邦人だった。故郷でも祖国反逆罪人だというのに、ぼくはどこにも居場所がないのか？（176頁）

韓国では北朝鮮からの入国者が、安定した就業をすることは大変難しい。この事例のように、非正規雇用が一般的で、韓国内出生者との賃金格差も大きい。韓国が学歴社会であることはよく知られているが、北朝鮮からの入国者に、学校での学習経験がほとんど無いことも一因であろう。韓国で生きる限り、北朝鮮からの入国者は、文化的に劣る者という視線を注がれる。その点をキム・ヒョク氏はよく理解し、進学を決意する。

　　学校が大嫌いだったぼくが、勉強する必要性を痛感したのは、この国の人々の話を理解し、文化を知りたいと思ったからだ。同じ朝鮮語を話していても、多くの言葉の意味がわからず会話にならなかったし、そのことで委縮してしまう自分がいた。彼らの言葉を理解し、彼らの文化を心底感じたい。そう思って、まず本を読みはじめた。
　　大学の門を叩いたのは二〇〇六年だった。（180頁）

キム・ヒョク氏は学部を終えた後、さらに大学院に進学する。韓国の大学では、北朝鮮学は非常に盛んに研究されている。有力大学にも「北朝鮮学科」が設置されている。国の安全保障の問題と直結しているからである。しかしキム・ヒョク氏のように、韓国の北朝鮮学会で、脱北者が研究者の

道に進むことのできる事例は希少である。

　北朝鮮のストリートチルドレンという壮絶な自分史を、物語として提供する立場から、事例として考察する立場へと変容しようとする脱北者の姿を、この手記は効果的に伝えている。

４．コロナ禍の脱北者の語り

　コロナ禍を通じて、脱北者YouTuberが飛躍的に増加した。その理由は自己表現の欲求に駆られて、というわけでもない。仕事が無くなったから少しでも生活費の足しに、と率直に説明する。北朝鮮からの入国者は、非正規雇用者として、コロナ禍で真っ先に働き口を失って行ったからである。その多くが北朝鮮で過ごした期間が幼少期であって、あまり記憶が無い。需要があるのは北朝鮮での生活や脱北過程なので、語り続けられるYouTuberは多くはない。韓国入国後も、常に職と居場所を求め続けざるをえない脱北者の中には、韓国からさらに欧米へと、憧れの視線を向ける人々も見られる。そこに行けば、脱北者ではなく、単にKoreanだからだという。

　2020年から2022年の間に、韓国に入国する脱北者の数は、ほぼゼロに近付いている。それまでの趨勢から見て、年間約1000人の大陸潜伏者を、韓国に入国させることができた筈だった。コロナ禍は、人々を収容所にわざわざ連行しなくとも、一つの区域を丸ごと収容所にすることを当局に可能にした。閉ざされた脱出経路の向こうで、潜伏者たちは、砂漠を歩き続けるような生活を続けている。日韓を問わずどこの支援団体も、活動の全面縮小を余儀なくされる中、北朝鮮内部との連絡も途絶えている。大陸の出入国制限は、もはやコロナ禍どころか何が理由なのかも定かではない。閉ざされた脱出経路がいつまた開かれるのか、2022年の年末になっても、何ら見通しの付かない状態にある。

参考文献　野口孝行著『脱北、逃避行』新人物往来社2010年
川崎栄子著『暗闇のトンネル』（Kindle版のみ）パブフル2021年

ト・ミョンハク他著和田とも美訳『越えてくる者、迎えいれる者』アジアプレスインターナショナル出
版部2017年
石丸次郎著『北朝鮮からの脱出者たち』講談社2006年

第4章
書物が語る　遺物が語る

帝亡びて風雅在り

——近代富山の漢詩人・岡崎藍田が見た中国——

大野圭介

はじめに

　岡崎藍田（1861(文久元)年～1939(昭和14)年）、本名は佐次郎、婦負郡鵜坂村（現富山市婦中町）の人。岡崎家は代々豪農をもって聞こえた。若くして京都に出て儒者草場船山（1819(文政2)～1887(明治20)年）に学び、その後木蘇岐山（1857(安政4)年～1916(大正5)年）に漢詩を学んだ。婦負郡会議員や婦負郡教育長を務め、1908(明治41)年に衆議院議員に当選、1期務めた後国政から退き、その後は詩文書画に専念、風流三昧の生活を送った。著作は漢文による中国紀行『燕鴻越鳥縦游日誌』と漢詩集『燕鴻越鳥詩艸』があり、他に『越中古今詩鈔』（亀谷龍二・橘有隣編、1926(大正15)年、光奎社）坤冊、渋谷英『湘渓唱和』(1931(昭和6)年)、土井通予『仙寿山房詩文鈔』（濱田活三刊、1916(大正5)年）巻三に数首の詩があり、また雑誌『高志人』（高志人社、1936(昭和11)年～1944(昭和19)年）にもしばしば詩が掲載されている。さらに富山市婦中町田島の田島交差点角にある、日露戦争で戦死した兵士2名の立像「兵隊地蔵」の碑文も岡崎佐次郎名で撰している[1]。

　『燕鴻越鳥縦游日誌』と『燕鴻越鳥詩艸』は、1926年に長男の文夫とともに中国を旅した記録と漢詩集で、富山県立図書館に所蔵されている。奥付によると編集兼発行者は岡崎文夫、1935(昭和10)年の出版で、非売品となっており、同好の士に頒布したものとみられる。

　『詩艸』には県内外の多くの漢詩人や南画家が序詩と序文を寄せていて（詳細は表1参照）、『縦游日誌』の最初にも、当時東北帝国大学文学部助教授であった文夫の同僚で、中国の俗文学や食文化の研究で名高い青木正児

1　釈文は拙稿「富山市内に現存する「兵隊地蔵」の碑文について」（『富山大学人文学部紀要』第73号、2020年）参照。

詩艸

題	内容	撰者	備考
（楽性霊）	見返し３ページにわたる影印	木堂居士　毅	犬養毅、元首相
題燕越鳥詩艸	七絶14首	山陰老布衣　裳川晋	号は岩渓、京都福知山の人
聞足跡不到奉天・幽州・山陰、予頗惜之因附三首	七絶３首	同	
題藍田先生燕鴻越鳥集	七律１首	耕雲　三谷仲	三谷耕雲　名は仲之助、南画家
丙寅秋八月、為藍田老友詠支那古蹟以長其遊興兼壮其行詩凡十四首、印正之	七絶14首	外川　内山松	内山外川　名は松世、草場船山門下
岡崎藍田燕鴻越鳥集題詞	七絶６首	二水　大橋弘	大橋二水　名は弘、通称十右衛門、高岡の人、1902年衆議院議員。
藍田先生燕鴻越鳥集書懐賦以奉贈	七絶10首	江東　片口安	片口江東　名は安太郎。みそ醸造業の傍ら、小杉町長・富山県議会議長を歴任。
題藍田先生燕鴻越鳥詩草	七律２首	外山　稲垣復	稲垣外山　名は復、富山市の人。
題藍田先生燕鴻越鳥詩草	七絶３首	白雲　山中半	山中白雲　名は篇、通称半蔵。
題燕鴻越鳥集三律	七律３首	半樹　渡辺謙	渡辺半樹　名は謙次。
題藍田先生燕鴻越鳥詩草	七律１首	丹厓　上田夔	上田丹厓　南画家、熊本の人。
題燕鴻越鳥集	七律２首	金陽　大西廸	大西金陽　奈良の人、金沢に住む。南画家。
読藍田先生燕鴻越鳥詩草	七律１首	神川　野村嘉	野村神川　名は嘉六、1912年衆議院議員、1936年富山市長。
読藍田西遊詩草	七律１首	天海　国島寛	国島天海　画家、下関の人。

題	日付	撰者	備考
燕鴻越鳥詩稿序	昭和甲戌（９年、1934）清和節	七々堂　稼堂　黒本植	加賀の人。
燕鴻越鳥詩艸序	昭和七歳次（1932）壬申十一月	寅軒　井上章信	通称鋼太郎。
自序			
批		裳川岩渓　晋	
跋	昭和九年孟冬	揖山　小西有英	明和九年に開かれた臨池居の塾頭・小西鳴鶴の五代孫。

縦游日誌

題	種類	撰者署名	備考
（初入長江）	書画扇面	拙道人	青木正児　岡崎文夫と同時期に東北大学に在職した。この頃「拙道人」と号していたことが『華国風味』花甲寿菜単の章に記される。
（北去南来）	画	丹厓	上田丹厓
（長江如練）	画	耕雲	三谷耕雲
（西山暮煙）	画	金陽老人　廸	大西金陽

表１　『詩艸』『縦游日誌』序跋一覧

の書画扇面や、『詩艸』にも序詩を寄せた南画家の絵とともに、藍田自らが名所旧跡を描いた絵と文夫自筆の画賛が収められる。さらに『詩艸』の扉の裏表は書の影印で、「楽性霊　以古今大文為述作　与天地清気相娯遊（性霊を楽しむ　古今の大文を以て述作を為し、天地の清気と相い娯遊す）。木堂居士毅」と書かれている。性霊とは人の本性のことで、詩においては技巧よりも本性の自由な流露を重視する性霊説が明から清にかけて唱えら

れた。次の対句は清末の康有為が「蘭亭序」の語を集めて南京の霊谷寺仏祖殿に書した対聯の句（但し「遊」を「楽」に作る）で、心の趣くままを楽しみ、古今のすぐれた文で思いを述べ、天地の清浄な気とともに遊び楽しむというほどの意味で、『詩艸』の性格を的確に言い当てた評語といえよう。

この対句を書した木堂居士とは五・一五事件で殺害された首相犬養 毅（1855（安政2）年〜1932（昭和7）年）の号で、藍田が1908（明治41）年に衆議院議員に立候補した時に公認を得た憲政本党の主要人物でもあった。ちなみに藍田と並び称される近代富山の漢詩人であった内山外川（1864〜1945）[2] や大橋二水（1859〜1940）[3] も、それぞれ1898年8月の第6回衆議院総選挙、1902年の第7回衆議院総選挙で当選しているが、彼らもまた憲政本党からの立候補である。藍田が立候補した頃の憲政本党は、犬養派と反犬養派の路線対立が深刻であったことから、犬養が漢詩人としてのつながりを利用して候補者擁立に動いていたことが考えられる。憲政本党は藍田が当選してからも党勢は振るわず内部対立が続いたままで、こうした状況に嫌気がさしたのか、藍田は次の選挙には立候補せず国政から身を引いた。中国で辛亥革命が起こった翌年、中華民国が成立した1912（大正元）年のことである。しかし漢詩人としての木堂犬養毅との交流はその後も続いていた故に、『詩艸』の巻頭を飾る揮毫も得られたのであろう。

「燕鴻越鳥」の足跡

藍田が中国への旅を決意した経緯は、『詩艸』の自序に記されている。

　　余承祖業守田圃、間時則玩書画、窃慕禹域之山水。大正十五年七月、会男文夫留学欧州、期畢而帰、経西比利入于北京、乃寄翰促我西遊、

2　名は松世。慶応義塾で学んだ後、帰郷して家業の農業を営む傍ら、婦負郡会議員・富山県農工銀行頭取などを歴任、1898年に衆議院議員に当選、2期務めた。その邸宅は「豪農の家　内山邸」として公開されている。

3　名は弘、通称は十右衛門。現高岡市の町年寄の家に生まれる。若くして京都の草場船山に学び、岡崎藍田とは同門。その後東京で英語を学び、犬養毅・尾崎行雄と交遊。越中改進党の創立に参加した。県会議員を務めた後、1902年に衆議院議員に当選、1期務めた後は政治活動から身を引き、漢詩書画に専念した。

辞意懇至。余乃決然治装矣。……

　到天津、則男既久俟埠、乃観燕城、登泰山、訪遺事于金陵、看江潮
于丹徒、由蘇之杭、至于滬上而止。経日三旬、男扶持常在左右、余則
適意縦観。時雖残暑甚、体健則勝于平生、洵老後一楽事也。凡経過之
地、心処興詩以述之、目所視文以記之、并印之以頒同好。固老農余技、
深懼大雅之譏、一片微志不肯独専其楽云爾。

　私は先祖代々の家業を継いで田を守り、暇を見て詩画に遊び、ひそ
かに中国の山水を慕っていた。大正15年7月、たまたま息子の文夫が
欧州留学の期限を終え、帰りにシベリアを通って北京に入り、私に手
紙をよこして、懇ろな言葉で西遊を促してきた。私はそこで決心して
旅装を整えた。……

　天津に着くと、息子はもう長い間待っていて、そこで北京を観光し、
泰山に登り、金陵（南京）に故事ゆかりの地を訪ね、丹徒（鎮江）で
長江の流れを見、蘇州から杭州へ行き、上海に至るまで、日を経るこ
と三十日、息子はいつもそばで助けてくれたので、私は思うままに観
光し、時は残暑といえども、身体は普段に勝るほど元気で、本当に老
後の楽しい出来事の一つとなった。経過した地では、心の趣くところ
は詩で述べ、目に見たものは文で記したので、合わせて印刷して同好
の士に頒布することにした。もとより老農の余技であり、大雅の士の
そしりを受けることを深く恐れるけれども、ささやかな心遣いから、
その楽しみを自分だけのものにもできなかったという次第である。

詩画を嗜むうちに、それらに描かれる中国の山水自然にかねてから憧れて
いたことが、中国旅行の動機となった旨記される。一方息子の文夫もまた
『縦游日誌』の跋文に父を中国に招いた経緯を記す。

　余自少承庭訓親漢籍、乃知彼土人士性愛風流、凡山水之秀、或子姪
並侍、或同志相携。而府君頗好其風、故余毎得陪侍焉。

　大正十三年夏、余滞欧、期畢経蘇魯到燕京、将走楚越、想府君有平
生遊華之志、若得扶侍以随、輒一生之幸也。乃奉束詢焉、府君賜回治
装修行、乃迎府君於津沽。

　私は若い頃から父の薫陶を受けて漢籍に親しみ、彼の地の人々が風
流を愛し、山水の素晴らしさを、子供たちを伴ったり友人と連れ立っ

たりして楽しむことを知った。父もその気風を大変好んでいたので、私もお相伴にあずかれたのだ。

　大正13年夏、私は欧州に滞在し、期間が終わってソ連を経て北京に着き、中国の南方へ旅しようと思ったが、父がいつも中国を旅したいという志を抱いていたことを思い出し、もし一緒に行くことができたら一生の幸いだと思った。そこで手紙を送って尋ねたところ、行くとの返信があり、かくして父を天津塘沽の港で出迎えた。……

これを見ても、山水を愛でて風流を楽しむことが訪中の主目的であったことがわかる。

　それでは藍田・文夫父子が旅をした経路をたどってみよう。8月13日に神戸港を出航し、8月17日に天津に入港して文夫と合流、翌18日から24日まで北京に滞在して紫禁城や西山などを遊覧、25日に天津に戻って羅振玉参事を訪問、27日に夜行列車に乗って28日に済南に到着、29日まで滞在して市内見学の後30日に泰安に移動、31日に泰山に登ってその夜の汽車に乗り、9月1日に南京に到着。4日まで滞在して市内や郊外の名所旧跡を遊覧した後、5日に鎮江へ移動。郊外の名所を遊覧し、7日には長江の対岸の揚州も日帰りで訪ねている。8日に汽車で蘇州へ移動、11日まで滞在して市内や郊外の名所を見学、11日夜に大運河を航行する定期船に乗り、12日に杭州に到着、15日まで滞在して西湖を始め市内や郊外の名所を精力的に見学した。16日に汽車で上海に移動、17日の船で帰国の途についた。（詳細は表2参照）

　こうして見るとなかなかの強行軍である。しかも途中で休養したのは8月24日に北京で暑気あたりのため出歩けなくなった1日だけで、あとは体力の続く限り名所旧跡を訪ね歩いている。藍田がいかに憧れの名勝や古跡を自らの目で実見したがっていたかが窺える。

皇帝なき中国への感傷

　ところが藍田父子が訪れた当時の中国は、風流どころではない混迷を極めていた。1912年1月1日に中華民国が成立したものの、清朝以来の北洋軍閥は北京を我が物にしようと内戦を繰り返し、国内は四分五裂の状態に

日付	泊地	訪問地	詩題
8月13日	船中	神戸港より出航、門司に停泊。	遠遊述懐
8月14日	船中	玄界灘を航行。	
8月15日	船中	「天空海闊、一物無触目」	
8月16日	船中	「旭日生波、其大如笠、湿潤似玉、蓋航海中之壮観也」	過黄海
8月17日	天津（日本租界常盤館）	朝鮮半島沿岸を経て天津に入港。文夫の出迎えを受ける。	
8月18日	北京（東単・扶桑館）	汽車で北京に移動。北海公園、煤山。	太液池北海 過煤山
8月19日	北京	雍和宮、国子監。	孔子廟 石鼓
8月20日	北京	天壇	天壇
8月21日	北京	紫禁城（故宮）	北京宮殿 北京偶感 城中雑感
8月22日	北京（香山洋桟）	車で西山に移動、輿で八大寺を遊覧。	遊西山 西山宿舎 慶（碧の誤り）雲寺玉石塔
8月23日	北京	玉泉山、静明園、頤和園	万寿山頤和園 玉泉山 静明園
8月24日	北京	暑気当たりで休養。	
8月25日	天津？	汽車で天津に移動、羅振玉を訪ねて会談後、各国租界を一巡。	
8月26日	天津？	（記載なし）	
8月27日	車中	天津から汽車で済南に移動。	
8月28日	済南（鶴屋旅館）	済南到着、大明湖を遊覧。	晩泛済南金（大の誤り）明湖（実際に船を浮かべたのは昼間）
8月29日	済南	千仏山	千仏山
8月30日	泰山（来陞旅社）	汽車で泰安へ移動。大廟（岱廟）に参詣。	曲阜（実際には行っていない） 岱安岱廟
8月31日	車中	岱山（泰山）。泰安から夜行列車で南京に移動。	泰山 石経峪 日観峰 孔子小天下処 秦皇無字碑 自泰安至南京車中偶感
9月1日	南京（宝莱館）	南京着。	金陵
9月2日	南京	北極閣、孔子廟、雨花台	金陵雑詠
9月3日	南京	洪武宮、霊谷寺、明孝陵	霊谷寺
9月3日	南京	清涼山	
9月4日	南京	棲霞寺	
9月5日	鎮江（三義客桟）	汽車で鎮江に移動。	
9月6日	鎮江	金山	鎮江府金山寺
9月7日	鎮江	舟を雇って焦山を遊覧。	焦山
9月7日	鎮江	揚州	揚州 平山堂 在揚州思湖州
9月8日	蘇州（精養軒）	汽車で蘇州に移動。	
9月9日	蘇州	劉園、戒幢寺、寒山寺	寒山寺 楓江
9月10日	蘇州	虎丘	闔閭墓 干将墓 真娘墓 可中亭
9月11日	船中	霊巌山、下山中にわか雨に遭い白雲寺で雨宿り。	登霊巌山児文同道 姑蘇台懐古 霊巌山頭望太湖 西施弾琴石 下山遇雨 望天平山 欲登竜門阻雨不果 避雨天平山下門
9月12日	杭州（聚英旅舎）	船で杭州に移動。	舟従蘇州至杭州口占
9月13日	杭州	西湖遊覧。一旦宿に戻った後、夜に舟を雇って白堤・蘇堤付近を遊覧。	杭州雑詠
9月14日	杭州	蘇堤、岳王廟、西泠橋、白堤	岳武侯祠
9月15日	杭州	南山風篁嶺、北山霊隠山、呉山。夜に銭塘江で観潮をしたいと思うも疲れて遠出の気力なく宿に帰る。	飛来峰 風篁山竜井 孤山林逋宅（「日誌」に記事なし） 銭塘江観潮
9月16日	上海	汽車で上海へ移動。2日滞在するも「事無可記」	憶会稽 憶瀟湘 憶廬山
9月17日	船中	帰国の途に就く。	帰航 思昔遊

※網かけ部分は日付がずれている可能性のある部分。9月7日が重複している。

表2　岡崎藍田・文夫父子の旅程と詩題

陥っていた。

　そうした中で藍田父子訪中の2年前、1924年に起きたのが、軍閥馮玉祥<ruby>祥<rt>しょう</rt></ruby>が大総統曹錕<ruby>錕<rt>そうこん</rt></ruby>を辞任に追い込んだクーデター「北京政変」である。この過程で馮玉祥は「清室優待条件」の破棄を断行した。「清室優待条件」とは辛亥革命の事態収拾のため、北京で存続していた清朝帝室と南京の中華民国政府との間で交渉した結果、溥儀退位の条件として取り決められた清帝室の待遇であり、溥儀を皇帝の称号で呼び、外国君主と同等の扱いにすることや（第一条）、皇帝辞任後も当分は紫禁城に居住した後に頤和園に移り、侍従等はこれまで通り留任すること（第三条）などを定めている。清朝は政治の実権を失ったものの、この優待条件によって紫禁城の中だけで「遜清皇室小朝廷」として存続していた。馮玉祥はこの優待条件を一方的に破棄し、溥儀をはじめ旧清朝の皇族を紫禁城から追放したのである。

　この事件は何を意味するのか。それは二千年来続いていた、皇帝の称号を有する人が存在しなくなったということであり、辛うじて存続していた王朝が中国から真に消滅した前代未聞の事態である。名実ともに「皇帝の中国」が終焉を迎えたことは、当時の中国人に大きな衝撃を与えた。

　藍田は『縦游日誌』8月21日に紫禁城を訪れた際の感懐を記している。

　　……訪紫金城<ruby>城<rt>（ママ）</rt></ruby>。九門通闕、雉堞[4]連接。自東門而入、矯首而望、複閣高楼、層々連、重々接、黄瓦碧甍、与日影相暎、発光華陸離、赫灼眩人目、可謂不覩皇居壮、安知天子尊者也。今則黄屋無主、空遺故宮、使人懐古傷感耳。

　　紫禁城を訪れる。九つの門が宮殿に通じ、城壁の上に姫垣が連なっている。東門から入り、首を上げて望めば、高い楼閣は何層にも重なり合って続き、黄色や緑の屋根瓦が、日に照り映えて次々と輝きを放ち、目も眩まんばかりのまぶしさは、皇居の壮麗を見ずして天子の尊きを知らずと言うべきだ。ところが今は天子の地位にその主はなく、むなしく故宮だけが残り、懐古の感傷にひたらせるばかりだ。

この後並ぶ建物の名とその形状や役割、所蔵の絵画を列挙してから

　　至于陶磁器、則有漢窯・宋窯・汝窯・官窯・哥窯・定窯・均窯・建

4　城壁の姫垣は「雉堞」で、「堞」は「楪」に通じて板の意。作者が誤ったものか。

窰、無不尽備、或精緻可喜、或傅彩可愛。清御窰則有古月軒之銘者、以為上作。……若欲詳観、須費数日、乃恣一時之眼福而去矣。

　　陶磁器に至っては、漢窯・宋窯・汝窯・官窯・哥窯・定窯・均窯・建窯など何でも備わっていて、精緻さが好ましいものも、彩色の愛すべきものもある。清の御窯は古月軒の銘のものがあって、上作とされる。……もし詳しく見ようと思ったら、数日かけなければならない。それで一時の眼福を存分に味わって辞去した。

故宮の建物の様子を詳細に描き、所蔵の文物を目の当たりにした感動とともに、そこにいるべき天子がいないことへの感傷が記される。

　『詩艸』でもこうした感傷をいくつもの詩に詠んでいる。「北京宮殿」と題する詩を挙げよう。

　　　上国民未安　　都では民は安寧に暮らせず、
　　　州郡兵未已　　地方では戦乱が未だやまない。
　　　君王塵再蒙　　天子は再び都を追われ、
　　　愴惶捐玉璽　　混乱の中でその玉璽も捨てる羽目になった。
　　　宮闕連麗譙　　宮城には物見櫓が連なり、
　　　騰在九重裏　　九重の宮殿に栄華の名残をとどめている。
　　　幸免秦火災　　幸いにも秦の阿房宮のように焼き払われるのを免れ、
　　　空存城百雉　　姫垣の続く城壁がむなしく残っている。
　　　清朝三百年　　清朝三百年にして、
　　　社稷竟亡矣　　王朝はついに滅んでしまった。
　　　群兇各擁兵　　悪者どもがそれぞれ兵を集め、
　　　外有眈虎視　　外から虎視眈々と狙っている。

秦の始皇帝が咸陽の都の郊外に造営した阿房宮は項羽によって焼き払われ、三か月間燃え続けたと『史記』項羽本紀にいう。紫禁城はそんな目に遭わずに済んだとはいえ、清朝は名実ともに消滅し、軍閥たちが兵を擁して抗争を繰り返す有様をうたう。淡々とした口ぶりから、かえって苦渋の思いがにじみ出る。

　中華民国が当初都を置いた南京でも、藍田はうち続く戦乱による荒廃ぶりを嘆いてみせる。『縦游日誌』9月1日には、

　　　咸豊三年、洪楊乱起、拠此称帝、梟獍恣虐、居民流離。復遭革命之

乱、重致惨禍、十室九空。民国三年、定地方官制、置将軍順撫按使于此、城内稍見生色云。入城門鼓楼屹立、従是二三里之間、無人家、楊柳雑樹、麦隴蔬畦而已、荒廃之迹可思也。

　咸豊3（1853）年、洪楊の乱（太平天国の乱）が起こって、この地に拠って帝を称し、道義を捨てて暴虐の限りを尽くし、住民は離散した。今度は（辛亥）革命の乱に遭い、惨禍が重なって、十のうち九の家が空き家になる有様だった。民国3（1914）年、地方官制が定められて、将軍巡撫按使がここに置かれ、城内はやや生気が戻ってきたということだ。城門にそびえ立つ鼓楼に入ると、ここから二三里の間人家はなく、柳やその他の雑木、麦畑や野菜畑の畔道が見えるばかりで、その荒廃ぶりを思わせる。

と記すが、戦乱の惨状を直接描くのはここだけで、『詩艸』の南京で詠んだ詩には革命の戦禍に言及するものはない。わずかに泰安から南京へ向かう列車の中で詠んだ詩「自泰安至南京車中偶感（泰安より南京に至る車中にて偶感）」に

江湖天地荒何久	この天地の間の江や湖に恵まれた村々は何と長い間荒れていることか。
呉楚烽煙乱未終	呉楚の地で戦乱はまだ終わらない。
頻歳干戈消国力	毎年のように戦火を交えて国力を消耗すれば、
熟時[5]父老祝農功 （ママ）	村の長老たちはいつ豊作を祈願できようか。

という程度である。

　結局藍田が時局に言及するのは、紫禁城に皇帝がいなくなったことと戦乱が止まないことに対してのみである。混迷を極める中国の政治に対して直接言及することもなく、またいわゆる大陸浪人のように中国の要人と政治について議論を交わすこともなかった。『縦遊日誌』8月25日には、北京から再び天津に戻って羅叔言（羅振玉）参事を訪ねたことが記されるが、藍田が中国の要人と会見したのはこの時だけで、しかも「歓談数刻而辞去（歓談すること数刻にして辞去す）」と言うのみである。あるいは著名な考

5　「熟時」は作物が熟する時期の意で、「収穫の時季には長老たちが豊作を祈願する」とも読めるが、前後の句との関係から「孰時（いずれのときか）」の誤りとみられる。

古学者で教育家でもあった羅振玉を訪ねたのは文夫の方で、藍田はそれに随行しただけであったかも知れない。

風雅を求めて

　一旦北京の街を離れて郊外へ出ると、藍田は風雅な世界に耽溺する。『縦游日誌』8月22日には北京西郊の西山を訪れて山荘に投宿し、碧雲寺を見学して「餐後散策于碧雲寺。伽藍頗宏壮、寺後有大理石七層巨塔、玲瓏如白玉、彫欄刻楹、妙極人工。攀石階数十級至頂、涼月挂天、微風揺樹、自疑為広寒宮裏之人。清絶之極矣。（食事の後、碧雲寺を散策した。伽藍はすこぶる宏壮、寺の裏には大理石の七層の巨塔があり、白玉のように玲瓏と透き通り、手すりや柱の彫刻は人工の妙を極めている。石段を数十段上っててっぺんに着くと、涼しげな月が空にかかり、木々はそよ風に揺れ、まるで伝説の月の宮殿・広寒宮の住人になったかのようで、世俗を離れて清らかなことこの上ない。）」と記し、『詩艸』でも同様の心境の詩を詠んでいる。

　北京を離れても、藍田の風雅への耽溺は続いた。8月31日に泰山に登った際には、『縦游日誌』では早朝に輿に乗って岱岳坊から紅門宮を経て中天門までの、石段が続く山道を「深渓幽谷、高峰峻岑、節級而出、仄逕宛転、迂曲而通、左顧右眄、悉莫非佳景。（奥深い渓谷や、高く険しい峰が、階段を区切って顔を出し、急な小道はうねうねと、曲がりくねって通じ、右を見ても左を見ても、すべて佳景である。）と描き、中天門にたどり着くと「不覚叫快哉者三（覚えず快哉を叫ぶこと三たび）」と、『日誌』では珍しく喜びを露わにする。しかし泰山登山はここからが本番で、下から見るとほとんど垂直に見えるような石段の道を、山頂付近の南天門まで登っていかなければならない。しかも藍田父子は輿に乗って登るのである。輿を担ぐ人夫にはもとより重労働である。藍田も「磴路甚難、余在輿中雖不知其労、輿丁鼻息喘々、殆如不可堪。（石段は非常に険しくなり、私は輿の中でその苦労はわからなくても、人夫は鼻息をぜいぜい言わせて、ほとんど堪えられないようであった。）」と描いている。藍田が現地で見た一般人の様子を描くのはここだけである。風雅ならざるものはよほどの場合でない限り切

り捨てる姿勢がうかがえる。

　さて南天門にたどり着けば、あとは山頂まで平坦な道を少し歩くだけである。藍田は「俯瞰則黄河廻流如帯、放目遠望、四際無垠、可謂極宇宙大観也。……又有孔子廟、傍立孔子小天下処標碑。(見下ろせば黄河は帯のように巡り流れ、目を遠くにやって望めば、四方は限りなく、これぞ宇宙の大観を極むと言うものだ。……また孔子廟があり、そばに「孔子が天下を小とした処(ところ)」の碑が立っている。)」と記す。『詩艸』には「孔子小天下処」と題する詩があり、

一覧極千里	ひと目で千里の彼方まで見わたせば、
宇宙何鴻濛	この宇宙は何と広大なことか。
我亦小天下	私もまたこの天下を小なりとして、
振衣嘯天風	衣の袖を振りながら天の風に向かって声を引く。
今古登岱者	今も昔も泰山に登る者は、
旋磨与蟻同	回る挽き臼の上の蟻のように世のしがらみに巻き込まれているばかり。
人間有行坎	人の世は順調に進む時も行き詰まる時もあるのに、
徒争済勝功	手柄を勝ち取ろうと無駄に争っている。
臨此宇宙大	この宇宙の大きさを目の前にすれば、
総欲付苓通	そんなものはみんな馬や豚の糞の中に捨ててやりたいほどくだらないことだ。

という。6句目の「旋磨」は漢の揚雄『法言』に「蟻行磨石之上、磨左旋而蟻右去、磨疾而蟻遅、故不得不随磨以左回焉。(蟻が挽き臼の上を歩いていると、臼が左に回っている時に蟻が右に行こうとしても、臼は速くて蟻は遅いから、臼に引きずられて左に回っていくしかない)」とあるのによる。また最後の句の「苓通」は馬糞と豚糞で、無価値なものをたとえる。北宋の王安石「登小茅峰(小茅峰に登る)」詩に「人間栄願付苓通(この世の栄誉など馬糞や豚糞の中に捨ててやりたい)」という。『荘子』の万物斉同の境地を雄大なスケールでうたっているが、後半は衆議院議員在職当時、憲政本党の内部抗争にうんざりしていた心境を反映しているかも知れない。

　古くから絹織物の産地として栄え、明清期には文化の中心でもあった蘇

州では、多くの名所旧跡を訪ねて詩文を綴っている。『縦游日誌』9月11日
の、郊外の霊巌山を訪ねた時の文を見ると、「層巒積翠、因風飄揺、阪路蜿
蜒、両崖似動。已而達頂上、有巨盤石、広二十余尺、称弾琴石、為施妃弾
琴之処。(山の緑は重なり合って、風によって揺れ動き、坂道はうねうね
と、両側の崖は動いているかのようだ。しばらくして頂上に着くと、大き
な平たい石があり、幅は20尺あまり、弾琴石と称し、西施が琴を弾いた場
所である。)と言う。「弾琴石」は南朝宋の蕭綱の詩「登琴台(琴台に登
る)」(『芸文類聚』巻62、『初学記』巻24、『古詩紀』巻68所収)に初めて
見えるもので、現在も「琴台」の名で呼ばれている。『縦遊日誌』はその形
状と来歴を記すが、『詩艸』の詩「西施弾琴石」は

山中盤石古苔深　　山の中の盤石には古びた苔が深くむしていて、
聞道西施坐弄琴　　何でも西施が座って琴を弾いた場所だとか。
髣髴天風疑譜曲　　天の風が曲を作っているかのように吹いてきて、
于今瑟瑟想余音　　今は寂しげな風の音にかつての琴の音がしのばれる。
と想像を走らせながら懐古の情を歌う。風のさびしげな音を表す「瑟瑟」
は、琴の縁語「瑟(大型の琴)」との掛詞になっている。

　蘇州と並ぶ景勝地の杭州でも、西湖をはじめ市中や郊外の名所旧跡を精
力的に回った。杭州市内を流れる銭塘江は、仲秋の名月の頃に大逆流が起
こることで知られ、内外から多くの見物客が集まる。藍田は『縦遊日誌』
9月15日で、銭塘江や別名浙江の名の由来を長々と紹介した後に、観潮の
遊は南宋から盛んになったことを周密の文を引いて述べてから、「此夜恰当
明月、銀蛇走山、定可観。唯是連日游玩、体疲神倦、無力遠游、乃還旅寓、
馳懐江頭耳。(この夜はちょうど明月の出る日で、銀の蛇が山を走るかのよ
うに、定めし見応えのあるものだろう。ただ連日の遊覧で、身体も精神も
疲れ果て、遠出する力もなく、そこで旅館に帰って、銭塘江のほとりに思
いを馳せるばかりだった)」といい、その後にも「世に伝える銭塘十景」を
縷々紹介する。よほど未練があったのであろう。

　一方『詩艸』には「銭塘江観潮」という三首連作があり、その内容は伍
子胥の故事を絡めながら想像で作ったとみられるものである。さらに「憶
会稽(会稽を憶う)」「憶瀟湘(瀟湘を憶う)」「憶廬山(廬山を憶う)」とい
う、今回訪ねることができなかった詩跡を想像しながら作った詩が続く。

これから考えると、『詩岬』の他の詩の中にも、あらかじめ想像で作って用意していたものが混じっているかも知れない。

『縦游日誌』『詩岬』の特色

　以上述べ来たったことから『縦游日誌』の特色をまとめると、まず名所旧跡の叙景とその背景となる歴史故事や古典の記述の紹介に終始することが挙げられる。現地に行かなくても書けるような記述の割合が高いのであるが、それでも叙景の描写は憧れの名所を目睹できた喜びがにじみ出ている。

　また人物をほとんど描写せず、時局に言及するのは紫禁城に皇帝がいなくなったことと戦乱が止まないことに対してのみであるのも大きな特色で、経由地の天津や最終到達地の上海についてはほとんど何も記さないのも注目される。特に上海は「滞留両日、事無可記（2日滞在したが、記すべきことはない）」とはっきり断っている。当時魔都と呼ばれた国際都市上海も、藍田の目を引く珍しい光景に溢れていたはずで、実際この5年前の1921(大正10)年に芥川龍之介が大阪毎日新聞社海外視察員として上海に滞在し、『上海游記』『江南游記』を著しているが、それらは藍田の求める「風流」とは相容れないものだったのである。風雅ならざるものを極力切り捨てるのが『縦遊日誌』の方針であったといえよう。

　『詩岬』の特色もまた同様で、小西揖山の跋文が「但其詩不及時局感想者、蓋有所忌而然乎。（ただその詩が時局の感想に言及しないのは、恐らく避けるところがあってそうしたのではないか）」と推測する通りである。『詩岬』に寄せられた序詩には当時の中国の情勢に言及するものがいくつもあり、たとえば内山外川「丙寅秋八月為藍田老友詠……」其三は

王業已非空帝京	皇帝の事業は否定されて帝都を留守にし、
薊門烟樹若相縈	薊門煙樹とうたわれた通り北京では木々にもやがまとわりついているようだ。
黄圖何日開真主	中国にはいつになったら本当の主が君臨するのか、
北斗猶標紫禁城	北斗星は今もなお紫禁城を指し示しているのに。

片口江東「藍田先生燕鴻越鳥集書懐賦以奉贈」其八は

唇歯輔車由善隣	互いに助け合えるのは善隣によってこそ、
同文同種豈疑人	同じ文字を使う人同士で疑い合うことなどあろうか。
中原禍乱自平定	中原での戦乱もいずれ平定されよう、
金石修交兄弟親	金属や石のように堅い交わりと兄弟のような親しみが変わることはない。

と言う。特に片口江東は他の詩人たちより一世代若く[6]、それだけに日中友好への希望を抱き続ける気概に溢れたこの詩は、序詩の中で異彩を放っている。これらに比べると、『詩艸』は中国が多難な状況であるにもかかわらず、普通の漢詩人のように天下国家を論じることは敢えて避けていたのであり、『縦遊日誌』と同様に風雅ならざるものは収めなかったのである。

ところで『詩艸』の井上寅軒の序には「自海禁一開、邦人之游支那者項背相望、而観風察俗、発諸諷詠、如竹添井井桟雲峡雨詩艸・岡鹿門観光游艸、無有幾也。（鎖国が解けてから、中国を旅する邦人が多くなったが、その風俗を観察して、それを詩にうたったのは、竹添井井『桟雲峡雨詩艸』や岡鹿門『観光游艸』などいくらもない）」と言い、さらに「嗣井井・鹿門二子之遺響者、其在斯編乎（井井・鹿門の二人の残した作風を継ぐのは、この詩編であろうか）」と言う。藍田に先行する中国紀行漢詩集として竹添井井と岡鹿門の2作品を挙げているが、これらの三者を比較すると、それぞれの生まれた背景の違いによって、異なる特色があることがわかる。

まず竹添井井（1842—1917）は、名は漸、字は光鴻、通称は進一郎。外交官で漢学者でもあった。1875（明治8）年、特命全権公使森有礼に随行して中国に渡り、翌1876（明治9）年に中国西北から四川省を旅して『桟雲峡雨日記』『桟雲峡雨詩艸』を著した。一方の岡鹿門（1833—1914）は、幼名は修、名は千仞、字は天爵。儒者の家に生まれ、江戸の昌平黌で学んだ。維新後は一時官僚となったが、辞任して私塾を開き、文章家として活躍。1884（明治17）年から翌1885（明治18）年まで1年近く中国に滞在して、李鴻章と中国の改革を論じるなど大陸浪人的な活動をし、また華東から華南を旅して『観光紀遊』『観光游艸』を著した。ともに藍田よりは一世

6　片口江東（1872〜1967）、名は安太郎。みそ醸造業の三代目として生まれる。叔父の藻谷海東に漢詩文を学び、さらに木蘇岐山に師事。家業の傍ら小杉町長や富山県会議員を務め、小杉図書館の設立にも尽力。生涯に2万首あまりの詩を作ったという。

代前の人で、辛亥革命前に中国を旅している。

　『桟雲峡雨日記』『桟雲峡雨詩艸』と『観光游艸』については既に研究がある。町田三郎は『桟雲峡雨日記』について「全体を通して、近代の日本人として最初に中国を旅し、この目で中国を見る喜びが溢れている。」[7]とする一方、『観光紀遊』については「鹿門の視点から、中国伝統文化への憧れや感動はあまり感じられない。鹿門にとっては、自分は世事を捨てたといいながら、関心はどこまでも李鴻章や張之洞と政治社会を論じることにあった。」[8]とする。

　実際の文を見ると、井井の文は感情をあらわにせず、目につくものを淡々と記していて、この点は藍田も同じである。他の文献に既に書いてあるようなことでも、実際に目睹できたからこそつぶさに記しておきたいという心情は共通するようである。しかし井井は5月31日に西安郊外の驪山温泉で入浴した際に「余自発京已月余日、客店無復設浴、面膩体垢、臭穢欲嘔。至此洗沐数次、殊覚爽快。（私は北京を出発してもう一か月余り、宿屋はどこも浴室がなく、顔は脂ぎって体は垢まみれ、臭くて汚くて吐きそうになった。ここに来て何度も湯浴みし、ことのほか爽快に感じた。）」と、環境の不衛生さや不便さも遠慮なく記録している。それから40年を経た藍田の旅も決して快適ではなかったはずだが、彼はそのようなことを一切記さない。

　対する鹿門の文は、名所旧跡を見学した際には井井と同様にその様子をつぶさに記すが、それは鹿門の主目的ではなかった。『観光紀遊』では中国の要人たちとの議論の方が主であるといえる。

　このような両者の違いについて町田氏は、竹添の旅行は西南戦争前の不安定な時代で、清はなお大国であり、日本人も中国人士に強い尊敬と憧れを抱いていたのに対し、岡の旅行は明治政府が安定政権となった後で、アジアの中のヨーロッパの姿を呈していたのに対し、清はフランスに脅かされて弱体化し、中国の文人も阿片中毒で狂態をさらし、もはや尊敬と憧れの対象ではなくなったことを指摘する[9]。

　では藍田の時代はどうだったろうか。日本は日清戦争・日露戦争の勝利

7　「明治初年の中国旅行記（その2）」（同『明治の漢学者たち』研文出版、1998年所収、p.59）

8　前掲書、同上。

9　前掲書、pp.59-60。

に続き、西洋列強に倣って中国に二十一箇条要求を押しつけ、しかもその大半を呑ませたことで、中国は憐れみと救済ではなく蔑視と収奪の対象になっていた。

　そもそも井井や鹿門が漢文で旅行記を著し、漢詩集を作ったのも、中国人に読んでもらうことを念頭に置いてのことであった。事実、清末の学者兪樾は井井の『日記』を読んでこれを激賞している。しかし藍田の頃には、中国旅行記は日本人のためのものであった。当時上海にあった半官半民の日本の学校である東亜同文書院は、学生による中国旅行調査を行っていたが、その記録も日本語で書かれて公刊された。外務省の要請で行われた、日本の政策に資するためのものである以上、漢文で書く必然性は失われていたわけで、漢文による中国紀行は日本人にとって趣味以上の意味を持たなくなっていたのである。

　つまるところ藍田は学者でも大陸浪人でもない「詩人」であり、中国の政治の助けになろうという意思はなかった。自らが学んで憧れた「皇帝の中国」が失われたことを嘆く一方、それでも変わらず残っている風雅を求め、「皇帝の中国」の残影にひたすら沈潜したのであった。

参考文献

入谷仙介『近代文学としての明治漢詩』研文出版、2006年

合山林太郎『幕末・明治期における日本漢詩文の研究』和泉書院、2014年

神田喜一郎編『明治漢詩文集』筑摩書房、明治文学全集62、1983年

絵馬はいつから？
－出土絵馬の研究と初期の絵馬－

次山　淳

はじめに

　願いごとを託す道具としての「絵馬」は、今日、私たちの暮らしの中に広く根づいていると言えます。では、小さな板絵である「絵馬」は、いったいいつ頃、どのような姿でこの日本列島に登場したのでしょうか？

　「絵馬」という言葉の記された最も古い文献史料は、平安時代の中頃（寛弘9年（1012））に大江匡衡が京都の北野天神への供物を記した「北野天神供御幣弁種々物文」（『本朝文粋』巻第十三）とされ、そこには「色紙絵馬」とみえます。絵巻などの絵画資料に描かれた絵馬も、寺院などに伝世された実物資料の絵馬も、これを遡るものはありません。

　その一方で考古学による発掘調査は、1972年に静岡県浜松市の伊場遺跡で8世紀後半～9世紀のものと考えられる馬の板絵が発見されて以降、着実にその歴史を遡らせてきました。

　そこでここでは、遺跡から出土する考古資料としての絵馬研究の視点と、明らかにされてきた絵馬の出現の時期、そして初期の絵馬の姿について述べていくこととします。

1　出土絵馬研究の視点－考古資料としての3つの性格－

　伊場遺跡の絵馬が発見されてから、半世紀が過ぎました。平安時代以前に位置づけられる絵馬の出土例も、秋田県から福岡県まで100点近くにおよび、研究も大きく進展を見せています。

　出土絵馬については、多くの検討すべき要素があります。ここでは、それらを考古資料としての性格から、A出土木製品、B出土絵画資料、C祭祀遺物という大きく3つに分けて整理してみました。

　考古学では、絵馬のように祈り、呪い、まじないなどに関する遺物を「祭

祀遺物」と呼んでいます。たとえば、奈良時代の木製の祭祀遺物に人形と
よばれる木の薄板を人の形につくったものがありますが、人形の持つ要素
はＡとＣです。絵馬では、これにＢの要素が加わり、絵画資料としての性
格をもつことが大きな特徴となります。

　また、ＡとＢは絵馬というモノ自体がもつ要素ですが、Ｃではこれに加
えて遺跡の中でのさまざまな状況も問題となってきます。以下で具体的に
みていくことにしましょう。

Ａ　出土木製品

　木材でつくられたモノが、土の中で長い間かたちをとどめるためには、
いくつかの特殊な環境条件が必要です。その上で、遺存した絵馬に対して
は次のような点を観察し、検討していきます。

① 遺物そのものの持つ要素
　・樹種（ヒノキ・スギなど、どのような種類の木材を用いているのか。）
　・素材（新しい板を用いたものと、別の製品の一部を再利用したもの（転
　　用）があります。）
　・木取り（丸太に対して材木をどのような方向で取ったのかを見ます。）
　・板材の加工の仕方
　・形状と大きさ（長さ・幅・厚さ）
　・頂辺中央の孔の有無（頂辺の中央に吊り下げるための紐を通す孔があ
　　けられているものと、そうでないものがあります。）
　・状態（破損の様子や程度など。）
② 文字の記載
　　「神馬」などの文字が記されている場合があります。
③ 年代の推定
　・共伴遺物の検討（絵馬そのものから年代を知ることは難しいので、一
　　緒に出土した他の遺物（共伴遺物）、特に土器の年代観を参考にするこ
　　とが行われます。）
　・年輪年代法による測定（後述するように、年輪年代法という自然科学
　　的な方法によって、材料となった木材の伐採された年を知ることがで
　　きる場合があります。）

④ 未成品

　　方形の板の頂辺中央に孔があり絵馬の形をしているものの、絵が描かれていない板材が稀に出土します。これらを絵馬の検討の対象に加えることもあります。

B　出土絵画資料

　古代の出土絵馬に描かれたのは、一部の例外を除き馬です。ここでは画題としての馬を中心に考えます。

① 描かれた馬の姿
　・馬体の様子
　・歩法（馬が歩いたり、走ったりするときの足の運びを「歩法」と言います。）
　・雌雄
　・向き（左向き・右向き）
　・彩色（馬体に白、赤、黒などの彩色がおこなわれる場合があります。古代の馬の信仰として、晴天を願うときには白い馬、赤い馬を、雨乞いの時には黒い馬を神に捧げたことが知られており、彩色の意味を考える際の参考になります。）

　　これらを検討するうえでは、動物としてのウマについての研究や馬事の研究、民俗学の成果などを参照します。

② 馬の絵画表現

　　美術史あるいは動物美術史の研究でおこなわれてきた馬の絵画・造形の研究を参照して、年代や系譜などの位置づけを検討します。

③ 馬具・馬装

　　描かれた馬には、何も身に付けていないもの（裸馬）と、乗馬や示威のための装具（馬具）を装着した姿のもの（飾馬）があります。これらについては、考古学や馬事史研究の成果を参照して考証をおこない、年代や系譜などの位置づけを検討します。

　　こうした馬の絵画・造形、馬具・馬装の比較研究では、日本列島の当時の事例だけでなく、広く東アジア地域でのありかたを参照することも必要になります。

④ 馬以外の題材

　　古代の絵馬の中には、牛を描いたものや猿が馬を曳いている様子を
表したもの（「猿駒曳」）などがあります（岡山県鹿田遺跡など）。後者
は、現在でも引き続きおこなわれている絵馬の画題で、民俗学に多く
の研究成果があります。

⑤ 絵画そのものの要素

　　筆の運びなどの描画技術、描画法と表現、さらに墨、顔料などの画
材も検討の視点となります。

C　祭祀遺物

　その遺物の性格や用途を知るためには、そのモノ自体の検討だけではな
く、出土遺跡の種類と性格（都城、宮殿、官衙、一般集落など）、遺跡の中
でのありかたや、遺構など他の要素との関係性を探ることが重要です。ど
のような遺跡の、どのような遺構から、どのような状態で出土したのか（出
土状況）、そして、どのような遺物と一緒に埋もれていたのかということ
が、大きな情報になります。共伴遺物は、年代を知るうえでも重要でした
が、性格づけを行ううえでも大切な要素です。

　また、モノ自体からも使用法やその状況をうかがい知ることのできる場
合があります。前述した頂辺中央の孔の有無や、杭や壁面に打ち付けたこ
とを示す釘孔が残るものなどは使用法を示す例と言えるでしょう。

　考古学では、このようにして絵馬自体から知られることがらと、遺跡の
中でのありかたを総合的に検討し、その絵馬の特徴や年代、使用された背
景などを読み解いていくことが行われています。

2　絵馬はいつから？

　出土した絵馬の年代を決めることは、難しい作業です。ここでは、初期
の絵馬の年代を考えるうえで定点となる2点の絵馬について紹介し、現在
知られている絵馬の出現時期についてみていきます。

（1）平城京二条大路出土絵馬（図1）

　奈良時代の都である平城京には、条坊制という東西南北の直線道路が碁盤の目のように走る街区が形成されていました。宮殿である平城宮の南面を東西に通る幅35mの道路を二条大路といいます。1989年、平城宮から東へ250m程いったところで路面に掘られたゴミ捨て用の溝が検出され、その中から、この絵馬は発見されました。

　この時の発掘調査は、デパート建設によるものでしたが、道路南側の区画（平城京の呼称で左京三条二坊一・二・七・八坪）が、奈良時代前半の宰相、長屋王の邸宅であることが判明した調査として著名です。

　ゴミ捨て用の溝は、路面の南北にそれぞれ設けられており、絵馬は北側の溝から出土しました。大路を挟んで北側の区画（左京二条二坊五坪）は、出土した木簡や墨書土器から、藤原不比等の四男、麻呂の邸宅であったと考えられています。

　絵馬はヒノキの柾目板を用いたもので、横27.2cm、縦19.6cmと当時知られていた出土絵馬のなかでは最大のものでした。年輪年代調査の結果、311年から728年までに形成された418層の年輪が確認されました。

図1　平城京二条大路出土絵馬

　年輪年代法は、年ごとの気候条件が年輪の幅として記録される現象を利用して、年輪幅の変動のありかたを現在から遡って追いかける作業で作成した変動のパターンと資料の年輪の変動を照らし合わせることによって、資料の年輪が形成された年代を測定する方法です。樹木は毎年樹皮の下に年輪を形成していきますので、樹皮あるいはその直下の年輪が残っていれば、その樹木が伐採された、あるいは枯死した年を知ることができます（ただし、この他にも測定が行えるためにはいくつもの条件があります。）。

　二条大路絵馬では、この材が伐採された年を示す樹皮や樹皮直下の年輪が、辺材という部分まで削られた「辺材型」とよばれる状態でしたので、最も外側に残っていた年輪の年代である728年以降に伐採された材であるということはわかりましたが、それ以上の正確な伐採年は不明です。

　一方この溝からは、土器、木製品など多量の遺物が出土しました。なかでも木簡は南北の溝を合わせて74,000点（削り屑も含む）が出土し、「二条大路木簡」とよばれています。

　北側の廃棄溝から出土した紀年銘木簡の年代をみると、天平7年（735）と8年（736）のものが多く、それ以降のものはありません。このことから、天平9年（737）頃に溝が埋められた可能性が指摘されていますが、現在もその年代については議論が続いています。なお、藤原麻呂は天平9年7月に当時都で流行した疱瘡によって亡くなっていて、このことと溝での廃棄行為を結びつけて考える研究者もいます。

　また、南側の溝の中央部からは、最も新しいもので天平12年（740）と書かれた墨書土器が出土していますので、この場所での一連の廃棄行為の下限の参考になります。

　以上、遺物としての絵馬自体から知られる年輪年代と、同時に廃棄された木簡の年代を合わせて考えると、この絵馬は728年以降に伐採された材を用いてつくられ、使用の期間を経て、737年頃に廃棄されたとみることができます。

(2) 前期難波宮北西部出土絵馬（図2）

　平城京二条大路の絵馬が発見されてから10年後の1999年、大阪市にある難波宮跡の北西部でおこなわれた調査で、谷の底部から絵馬の断片が出

土しました。横11.5cm、縦5.7cm、スギの板目材を用いています。二条大路絵馬の絵柄と照らし合わせると、腹、後足、尾にあたる部分であるとみられます。

難波宮跡では、飛鳥時代（7世紀）と奈良時代（8世紀）の2時期の遺跡が重複しており、前者を前期難波宮、後者を後期難波宮と呼んでいます。前者の遺跡が『日本書紀』に記されたどの宮殿にあたるのかについては、いくつかの議論がありますが、現在では孝徳朝の難波長柄豊 碕 宮とみる見方が有力です。

絵馬の出土した谷の第16層という堆積土からは、木簡が約30点出土しています。この中に「戊申年」と書かれたものがあり、648年にあたると考えられています。これは、現在知られている紀年銘木簡としては、最古のものになります。ただし、異筆によるとみられ

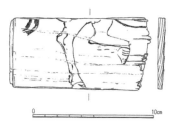

図2　前期難波宮北西部出土絵馬

る加筆が指摘されていますので、廃棄されるまでの期間には注意が必要です。

大量の土器もこの層から一緒に出土しています。前項で述べたように、考古学では一緒に出土した資料を「共伴資料」あるいは「一括資料」とよび、廃棄や埋納の同時性を考える重要な材料としています。また、土器の出現以降、その特徴や組み合わせの移り変わりを年代の指標として用いることが多くの場面でおこなわれています。

第16層から出土した土器それぞれの形や作り方、そしてその組み合わせを検討し、これまでの年代研究の蓄積と照らし合わせると、これらは7世紀の第3四半期（651～675）に位置づけられ、第4四半期（676～700）までは下らないとみられています。こうした土器の年代観も、現在なお盛んに検討・議論がおこなわれていますが、土器の様式から見た年代が、絵馬を含めた第16層出土資料の使用と廃棄の年代を示していると考えられます。

そして、この年代（7世紀第3四半期）が、現在知られているなかで最も古い絵馬の年代となります。

3　初期の絵馬に描かれた馬の姿

　次に、こうした初期の絵馬の図像についてみていきます。

　前期難波宮の絵馬と8世紀第2四半期（726〜750）の平城京二条大路絵馬とでは、年代でみると半世紀以上も離れているのですが、前者は断片ではあるものの、図像は後者とよく似ていることが見て取れます。そこで、全体の様子のわかる二条大路絵馬の図像を詳しく見ていきましょう（図1）。

　板いっぱいに横向きの馬が描かれています。顎を引き、尾を振り上げています。四肢の筋肉の表現も豊かです。馬体は赤色のベンガラで彩色されていました。肢の運びをみると、奥側の前後の肢をともに上げ、手前側の前後の肢をともに地面に付けています。このように同じ側の前後の肢を同時に上下する歩法は「側対歩」と呼ばれ、上下動の少ない歩法であることが知られています。また、絵画・彫刻などにみられる馬の伝統的な図像表現のひとつとされています。

　二条大路絵馬に描かれた馬は、馬装を身につけています。背には鞍をのせ、その下に斑文を表現した韉、韉の下端よりも下に乗り手が足を掛ける壺鐙が描かれています。また、三繋（面繋・胸繋・尻繋）とよばれる革帯も表現されています。

　ここに描かれた馬装の描写は、奈良県東大寺の正倉院に伝わる奈良時代の実物資料とたいへんよく一致しています。

　二条大路絵馬に描かれたこうした図像、つまり1頭の馬を横向きに側対歩の姿で描くという図像は、この他の古代の絵馬についても共通する事例が多数あることがわかってきています。初期の絵馬の図像の典型として理解してよいでしょう。

　また、前期難波宮と二条大路の絵馬は右向きに描かれていますが、左向きに描かれたものもあり、同時に出土した例からは左右対称のものが製作されたことのあったことも指摘できるのです。

まとめ

　今回の話の内容を簡単に整理します。

① 現在知られている最古の絵馬は、前期難波宮の絵馬で7世紀第3四半期のものであり、この最古の絵馬も含めて、同様の図像の絵馬が8世紀第2四半期以降広く認められる。
② 古代の絵馬は、基本的に、方形の板に1頭の馬を横向きに描くことがおこなわれ、当時の都を中心に、「側対歩」とよばれる姿で描かれた一つの図像をもとにしていた可能性が高い。また、左右対称に描かれたものも認められる。

　最古の絵馬の位置づけについては、いまだに孤例（一つしか事例のないこと）であることや、二条大路絵馬との時間的な隔たりが大きいため、慎重な検討と類例の増加が望まれます。その一方で、律令制祭祀具とよばれる新たな祭祀具が、7世紀中頃の難波の地で登場するのだという見解があります。このことは、絵馬の起源や登場の時期と場所を考えるうえで注意しておきたい視点です。

参考文献

池田源太『古代日本民俗文化論考』学生社、1979

岡山大学埋蔵文化財調査研究センター『鹿田遺跡11－第24次調査－（医師薬融合棟新営に伴う発掘調査）』岡山大学構内遺跡発掘調査報告第33冊、2018

(財)大阪府文化財調査研究センター『難波宮跡北西の発掘調査』大阪府警察本部庁舎新築工事に伴う大坂城跡（その6）発掘調査速報、2000

(財)大阪府文化財調査研究センター『大坂城址Ⅱ　大坂城跡発掘調査報告書Ⅱ－大阪府警本部庁舎新築工事に伴う発掘調査報告書－』(財)大阪府文化財調査研究センター調査報告書第74集、2002

栄原永遠男「難波宮跡北西部出土木簡再考」『難波古代史研究』和泉書院、2022

末崎真澄「古代の美術にみる馬の伝統的表現」『馬の博物館研究紀要』第1号、馬事文化財団、1987

次山　淳「平城宮内裏北外郭出土の絵馬資料」『奈良国立文化財研究所年報』2000-Ⅰ、奈良国立文化財研究所、2000

寺崎保広「平城京「二条大路木簡」の年代」『古代日本の都城と木簡』吉川弘文館、2006

奈良国立文化財研究所『平城京左京二条二坊・三条二坊発掘調査報告』奈良国立文化財研究所学報第54冊、1995

西川明彦『正倉院の武器・武具・馬具』日本の美術No.523、ぎょうせい、2009

浜松市立郷土博物館『伊場遺跡遺物編1』浜松市教育委員会、1978

菱田哲郎『諸文明の起源14　古代日本 国家形成の考古学』学術選書025、京都大学学
　　術出版会、2007

光谷拓実「絵馬の年輪年代」『平城京 長屋王邸宅と木簡』吉川弘文館、1991

渡辺晃宏「時を測るものさしとしての木簡」『遺跡の年代を測るものさしと奈文研』クバプロ、2015

この分野を学ぶための基礎参考文献

岩井宏実『絵馬』ものと人間の文化史12、法政大学出版局、1974

戸澗幹夫「絵馬研究の歩みと考古学−絵馬の起源論を中心にして−」『石川県立歴史博物館
　　紀要』第24号、石川県立歴史博物館、2012

挿図出典

図1　奈良国立文化財研究所『平城京左京二条二坊・三条二坊発掘調査報告』奈良国立
　　文化財研究所学報第54冊、1995、図版編Pl.219-225

図2　(財)大阪府文化財調査研究センター『難波宮跡北西の発掘調査』大阪府警察本部
　　庁舎新築工事に伴う大坂城跡（その6）発掘調査速報、2000、p.36図38

富山大学人文学部富山循環型「人文知」研究プロジェクト公開研究交流会

第29回「人文知」コレギウム
東アジアの言語を探究する

2022年6月29日（水）13:30〜15:30

上保敏（朝鮮語学・准教授）

朝鮮語の處格と屬格をめぐって

13:30〜14:30

現代朝鮮語の處格[e]と屬格[ǔi]は、一応、形態が異なるとされるが、屬格がしばしば[e]と実現する場合があり、形態上、両者の区別がつかなくなる。もっとも、處格と屬格は統語構造上、様相を異にするため、基本的には衝突は起こらず、支障はない(とされる)。ただそうすると、そもそも朝鮮語は、處格と屬格の区別がなかった言語なのではないか、という疑問も浮かぶようになる。本発表では、通時的にさかのぼりつつ、このような現象が生じるようになった背景について探っていく。

川島拓馬（日本語学・講師）

文法形式の成立から見る日本語の変化

14:30〜15:30

日本語において文法的関係性を表す形式には様々なものがあるが、どういった形式が用いられるかは時代によって異なる。平安時代には広く使われた「ぬ」「めり」などは姿を消し、一方で「はずだ」「つもりだ」などは比較的最近になって登場した形式である。本発表では、日本語史上で新しく生まれた文法形式を取り上げ、その成立や変遷の過程を考えるとともに、文法形式の成立に見られる類型について検討したい。また、文法形式の移り変わりから見る日本語の歴史、および現代日本語のあり様を捉えるための方策についても考察を試みる。

事前申込お願い致します

下記URLまたはQRコードからお申し込みください。

https://forms.office.com/Pages/ResponsePage.aspx?id=Pxqw12Ujs0iFczfbm9gJuKfUOTK-JFJEvf-_f0mqex9URVZSTEw4MFdLM1AwSU5NWjdTT05XMzA4Si4u

申込締切後、登録されたメールアドレスに詳細をお送りします。メールアドレスに誤りがあると案内をお送りすることができませんので、ご注意ください。前日までに連絡がない場合は、下記総務課にお問い合わせください。

申込締切：2022年6月26日（日）

聴講は無料です。学生・一般の方の聴講を歓迎いたします。

お問い合わせ　富山大学人社芸術系総務課（人文担当）　jinbuns@adm.u-toyama.ac.jp

富山大学人文学部富山循環型「人文知」研究プロジェクト公開研究交流会

第30回「人文知」コレギウム
東アジアの歴史と思想

唐帝国の軍事と北衛禁軍

林　美希（東洋史・講師）　　13:30~14:30

中国唐王朝の軍事制度というと「府兵制」がよく知られるが、実のところ、唐の軍事力は、府兵制というシステムのみでは捕捉できない多種多様な者によって、重層的に形作られていた。このことは、唐が国際色豊かで、少なくともその前期は「帝国」であった、という特色とも密接な関わりがあるといってよい。

本報告では、皇帝近衛兵（北衙）を取りあげて、彼らが宮廷政治との関わりのなかで拡大する過程を追う。そのうえで、北衙が帝国を支える装置としてどのように設計されていたのかについて、「安史の乱」との関係から考察してみたい。

2022年
7月27日（水）
13：30~15：30

人文学部第六講義室

「生成」する者としての人間
―貝原益軒（1630-1704）の思想をもとに―

田畑真美（人間学・教授）　　14:30~15:30

日本思想の軸のひとつに「生成」という概念がある。「生成」とはものを生み養う働きである。それは世界の根底、ないしは人間存在のありようを示す概念である。

本発表では、特に人間存在のありようを規定するものとしての「生成」に焦点を当てる。江戸前期の儒学者貝原益軒（1630-1704）の思想を素材とし、その紹介を通して、日本思想の特質の一端を明らかにすることを狙いとする。

✶★事前申込をお願いいたします★✶

下記URLまたはQRコードからお申し込みください。

https://docs.google.com/forms/d/e/1FAIpQLScf9xoD6w39mQiHU_x5Avrun5E35ZM5VYp_LkSgr68GOHk5wQwg/viewform?usp=sf_link

申込締切後、登録されたメールアドレスに詳細をお送りします。メールアドレスに誤りがあると案内をお送りすることができませんので、ご注意ください。

前日までに連絡がない場合は、下記総務課にお問い合わせください。

申込締切：2022年7月24日（日）
学生・一般の方の聴講を歓迎いたします

お問い合わせ　富山大学人社芸術系総務課（人文担当）
jinbuns@adm.u-toyama.ac.jp

第31回人文知コレギウム

2022年9月28日（水）13：30－14：30
於富山大学人文学部第6講義室

杉谷4号墳の調査意義と築造背景
髙橋浩二（考古学・教授）

富山大学杉谷キャンパスに多数存在する遺跡の中でも、とりわけ重要なのが杉谷古墳群内にある杉谷4号墳である。1974年の発掘当時、山陰の限られた地域でしか見られない「四隅突出型」という特異な墓制であったことから全国的注目を集めた。発表では、これまでに実施された調査を振り返り、杉谷4号墳の意義や築造背景について考えていく。歴史・学術的に価値の高い史跡に値する遺跡か、利用価値のない「負の遺産」かを考える一助になればと思う。

同日開催　特別講演　14：30－15：30
「鎌倉殿」と歴史学
長村祥知（日本史・講師）

NHK大河ドラマは、歴史の復元そのものではなく、創作を含むが、時代考証・風俗考証など複数の専門研究者の意見を採り入れて制作されているため、随所に学術研究の成果も反映される。

本報告では、鎌倉幕府2代執権 北条義時（1163〜1224）を主人公とする2022年NHK大河ドラマ「鎌倉殿の13人」のいくつかの具体例を通して、研究成果・史料に基づく作劇と創作の妙を解説したい。

また、ドラマの外に目を転ずると、例年、関連書籍が多数発行され、ゆかりの地では様々な催事が企画される。こうした産業や地域の振興への寄与は、日本史分野の学知が有する多様な可能性のごく一部にすぎないが、昨今の人文学の危機的状況のなかで、現代社会で学術が必要とされる状況の一端を紹介したい

事前申し込みお願い致します。下記URLまたはQRコードからお申し込みください。

https://forms.office.com/Pages/ResponsePage.aspx?id=Pxqw12Ujs0iFczfbm9gJuKfUOTK-JFJEvf-_f0mqex9UREFJMDRWT0pCUjM1TDREVk9CTFI5QkFYQy4u

申込締切後、登録されたメールアドレスに詳細をお送りします。メールアドレスに誤りがあると案内をお送りすることができませんので、ご注意ください。前日までに連絡がない場合は、下記総務課にお問い合わせください。

申込締切：2022年9月25日（日）

聴講は無料です。学生・一般の方の聴講を歓迎いたします。
お問い合わせ　富山大学人社芸術系総務課（人文担当）jinbuns@adm.u-toyama.ac.jp

富山大学人文学部富山循環型「人文知」研究プロジェクト公開研究交流会

第32回「人文知」コレギウム

20世紀が遺した問い
朝鮮半島とロシアの思想と文学から

朝鮮半島38度線以北における文学的表現

和田とも美（朝鮮言語文化・准教授）　13:30〜14:30

1）脱北者が語る自己
　　―社会主義下から資本主義下へ
2）越北者による北朝鮮映画
　　―資本主義下から社会主義下へ
3）「製鉄所」の意味
　　―社会主義達成以前／社会主義達成以後
4）労働集団の育成と無力化
　　―北朝鮮のテレビドラマ

「作者と主人公」の存在論

――バフチンの小説理論の汎用性を考える――

武田昭文（ロシア言語文化・教授）　14:30〜15:30

ミハイル・バフチン（1895-1975）は、己れの思想を語るさいに、文学作品の構造を重要な参照軸とした思想家だった。本報告で取り上げる「美的活動における作者と主人公」（1920年代初め）は、バフチンが一般美学における「感情移入の美学」と「素材主義の美学」を批判して、文学作品を例に、内側から生きられた主人公の〈生の能動性〉と、それを外側から完結させて存在の新たな平面に生みだす作者の〈美的な能動性〉という、「二つの能動性が形づくる出来事」として捉え直した論文である。このようなバフチンの小説の構造的理解が、私たちそれぞれ「自分」という物語を生きる者に、〈自己〉と〈他者〉、そして〈世界〉の理解をめぐって、どのような「気づき」や「関心」をもたらしえるものか考察してみたい。

10月19日（水）
13:30〜15:30
人文学部第6講義室

事前申込をお願いいたします。（聴講無料）

下記URLまたはQRコードからお申し込みください。
https://docs.google.com/forms/d/e/1FAIpQLScf9xoD6w39mQiHU x5Avrun5 E35ZM5VYp LkSgr68GOHk5wQwg/viewform?usp=sf_link

申込締切後、登録されたメールアドレスに詳細をお送りします。メールアドレスに誤りがあると案内をお送りすることができませんので、ご注意ください。
前日までに連絡がない場合は、下記総務課にお問い合わせください。

申込締切：2022年10月16日（日）
学生・一般の方の聴講を歓迎いたします

お問い合わせ
富山大学人社芸術系総務課（人文担当）
jinbuns@adm.u-toyama.ac.jp

富山大学人文学部富山循環型「人文知」研究プロジェクト公開研究交流会

第33回「人文知」コレギウム
書物が語る 遺物が語る

11月22日(火)13:30〜15:30
人文学部第六講義室

帝亡びて風雅在り —近代富山の漢詩人・岡崎藍田が見た中国—

大野圭介(中国言語文化・教授)13:30〜14:30

　富山では江戸時代に続いて明治期以後も多くの知識人が漢詩文を学び、創作を競い合っていました。岡崎藍田(本名・佐次郎、1861(文久1)年〜1939(昭和14)年)もその一人で、婦負郡会議員や衆議院議員を務める一方、詩文書画をよくし、越中漢詩壇の重鎮の一人でもありました。

　1926(大正15)年、長男の文夫が欧州留学の帰途北京に立ち寄ったのを機に藍田を中国に呼び寄せ、各地の名所旧跡をともに旅しました。かねてから憧れてやまなかった、詩文にうたわれる唐土の風雅。しかし現実の中国は混迷が続き、清朝の廃帝溥儀もついに紫禁城を追い出され、二千年に及んだ「皇帝の中国」は名実ともに終焉を迎えていました。藍田の目に映った中国とは——その漢文による旅行記『燕鴻越鳥縦遊日誌』と漢詩集『燕鴻越鳥詩艸』から読み解きます。

絵馬はいつから? —出土絵馬の研究と初期の絵馬—

次山 淳(考古学・教授)14:30〜15:30

　願いごとを託す道具としての「絵馬」は、今日私たちの暮らしの中に広く根づいていると言ってよいでしょう。では、小さな板絵である「絵馬」は、いったいいつ頃、どのような姿でこの日本列島に登場したのでしょうか?

　「絵馬」という言葉のみえる最も古い文献史料は、平安時代中頃の「北野天神供御幣幷種〻物文」(『本朝文粋』巻第十三)とされています。これに対して考古学による発掘調査は、1972年に静岡県伊場遺跡で奈良時代のものと考えられる馬の板絵が発見されて以降、着実にその歴史を遡らせてきました。

　今回の報告では、遺跡から出土する古代の絵馬研究の実際と、明らかにされてきた初期の絵馬の姿についてお話ししてみたいと思います。

事前申込をお願いいたします。(聴講無料)
下記URLまたはQRコードからお申し込みください。

https://docs.google.com/forms/d/e/1FAIpQLScf9xoD6w39mQiHU x5Avrun5
E35ZM5VYp LkSgr68GOHk5wQwg/viewform?usp=sf_link

　申込締切後、登録されたメールアドレスに詳細をお送りします。メールアドレスに誤りがあると案内をお送りすることができませんので、ご注意ください。

　前日までに連絡がない場合は、下記総務課にお問い合わせください。

申込締切:2022年11月20日(日)
学生・一般の方の聴講を歓迎いたします

お問い合わせ
富山大学人社芸術系総務課(人文担当)
jinbuns@adm.u-toyama.ac.jp

執筆者紹介（目次順）

上保 敏（人文学部言語文化領域東アジア言語文化コース［朝鮮言語文化］）

川島拓馬（人文学部言語文化領域東アジア言語文化コース［日本語学］）

林美希（人文学部思想・歴史文化領域歴史文化コース［東洋史］）

田畑真美（人文学部思想・歴史文化領域哲学・人間学コース［人間学］）

和田とも美（人文学部言語文化領域東アジア言語文化コース［朝鮮言語文化］）

大野圭介（人文学部言語文化領域東アジア言語文化コース［中国言語文化］）

次山 淳（人文学部思想・歴史文化領域歴史文化コース［考古学］）

富山大学人文学部叢書Ⅵ
人文知のカレイドスコープ

2023年3月31日 初版発行　　　　　　　　定価1,300円＋税

編　者　富山大学人文学部
発行者　勝山敏一
発行所　桂書房
　　　　〒930-0103　富山市北代3683-11
　　　　電話 076-434-4600 / FAX 076-434-4617

印刷／モリモト印刷株式会社